〈본문에 없는 인물〉에는 교과서에 나오는
인물 가운데 초등학생이 꼭 알아야 할,
역사에 커다란 영향을 끼친 우리나라와
세계의 위인들을 가려내어 실었습니다.
평범한 사람들의 삶 하나하나가 모여서 역사를
만들어 왔다는 사실을 잊지 말고,
여러분도 멋진 꿈을 이루기 위해 꾸준히 노력하고
줄기차게 도전하기를 바랍니다.
자, 이제부터 인물 탐구를 시작해 볼까요?

추천 감수 김완기
• 한국아동문학회 중앙위원장, 한국아동문학연구회 수석부회장,
  국제펜 · 한국문인협회 · 한국저작권협회 회원.
• 초등학교 국어 교과서 집필 · 심의위원, 서울서래초등학교 교장 역임.
• 서울신문 신춘문예 동시 당선.
• 한국아동문학작가상, 한정동아동문학상, 대한민국동요대상 등 수상.
• 동화집 〈내 배꼽이 더 크단 말야〉 등 여러 권,
  동시집 〈엄마, 이게 행복인가 봐〉,
  이야기책 〈마음을 따뜻하게 해주는 101가지 작은 이야기〉 등 다수의 어린이 책을 썼습니다.

추천 감수 이창수
• 한국문인협회 아동문학분과 회장, 한국아동문예작가회 명예회장,
  한국아동문학회 부회장, 국제펜 회원.
• 어린이 전문 출판사의 편집장, 주간 등 역임.
• 한국아동문예작품상, 한국아동문예상, 한국아동문학작가상, 김영일아동문학상 수상.
• 〈파란 꿈을 먹은 아이들〉, 〈따뜻한 남쪽 나라〉, 〈공포의 진주 동굴〉, 〈우주 여행〉, 〈구조대원 곰돌이〉,
  〈화성인과 아기 도깨비〉, 〈백두산에서 감나무골까지〉, 〈바닷속 동굴에서 만난 사람〉, 〈정수가 위험해〉 등
  200여 권의 어린이 책을 썼습니다.

추천 감수 송명호
• 한국아동문학회 회장, 한국문인협회 상임이사,
  국제펜클럽 한국본부 이사.
• 제1회 문화공보부 5월 예술상, 제1회 소년한국 문학상,
  소천아동문학상, 한국문학상, 대한민국문학상, 국제펜문학상 수상.
• 동시집 〈다섯 계절의 노래〉, 동화집 〈명견들의 행진〉,
  영화 시나리오 〈소만 국경〉, 방송극 〈개벽〉,
  장편 아동 소설집 〈전쟁과 소년〉(전5권), 〈똥딴지 독도 탐방대〉,
  동극집 〈어린이 살롱 드라마〉와 〈한국 · 세계 위인 전기〉(전집) 등을 썼습니다.

추천 감수 이상현
• 한국문인협회 이사, 국제펜클럽 한국본부 감사, 한국아동문학회 수석부회장.
• 조선일보 기자, 서울 교통방송 편성국장, 숙명여대 및 인하대 강사 역임.
• 1962년 경향신문 신춘문예 동시 당선.
• 1979년 〈현대 시학〉 시 추천 완료.
• 한국문학상, 국제펜문학상, 세종아동문학상, 소천아동문학상, 김영일아동문학상, 한국동시문학상 등 수상.
• 동시집 〈햇빛마을 가는 길〉, 동화집 〈짝꿍〉 등 다수의 어린이 책을 썼습니다.

■ 〈교과서 큰 인물 이야기〉는 한국아동문학회 회원 550여 분의 문인
  선생님들께서 '어린이들에게 바람직한 인성과 가치관을 길러 주며,
  쉽고 친절한 문장과 알찬 지식으로 어린이들의 독서 활동에 유익한
  도움을 주는 책'으로 추천해 주셔서 한국아동문학회 출판문화대상
  을 수상했습니다.

교과서 큰 인물 이야기 79 **본문에 없는 인물 ❷**

펴낸이 박연환 | **펴낸곳** (주)한국헤르만헤세 | **출판등록** 제17-354호 | **본사** 경기도 성남시 분당구 금곡동 444-148 한국헤르만헤세 빌딩 | **대표전화** (031)715-7722 | **팩스** (031)786-1100 |
고객문의 080-715-7722 | **편집 책임** 김원선 | **디자인** 장선희, 김영주, 전선아 | **교정** 양은하, 이효선 | **교정 진행** 김진형, 정현희, 김승현, 허영란 | **이미지 제공** 연합포토, 엔싸이버 포토렌탈, 이미지클릭, 국립
중앙박물관 | ⓒ Korea Hermannhesse | 이 책의 저작권은 (주)한국헤르만헤세가 소유하고 있으므로 본사의 동의나 허락 없이 내용이나 그림을 어떠한 방법으로도 사용할 수 없습니다.
주의 본 교재를 던지거나 떨어뜨리지 않도록 주의하십시오. 다칠 우려가 있습니다. 고온 다습한 장소나 직사광선이 닿는 장소에는 보관을 피해 주십시오.

본문에 없는 인물 **2**

글 편집부 | 감수 김완기 · 이창수 외

한국헤르만헤세

ㅇ

8　인물 137 · 이종무
8　인물 138 · 이준
9　인물 139 · 이중환
9　인물 140 · 이징옥
10　인물 141 · 이차돈
10　인물 142 · 이천
11　인물 143 · 이황
13　인물 144 · 일연
13　인물 145 · 임경업
14　인물 146 · 임꺽정
14　인물 147 · 임병찬

ㅈ

15　인물 148 · 장기려
16　인물 149 · 장면
16　인물 150 · 장수왕
17　인물 151 · 장승업
17　인물 152 · 장인환
18　인물 153 · 장지연
18　인물 154 · 전명운
19　인물 155 · 정도전
19　인물 156 · 정선
20　인물 157 · 정인보
20　인물 158 · 정인지
21　인물 159 · 정조

22　인물 160 · 정중부
22　인물 161 · 정지용
23　인물 162 · 정철
23　인물 163 · 조광조
24　인물 164 · 조만식
24　인물 165 · 조병세
25　인물 166 · 조식
25　인물 167 · 조엄
26　인물 168 · 조헌
26　인물 169 · 주세붕
27　인물 170 · 지눌
27　인물 171 · 지증왕
28　인물 172 · 지청천
28　인물 173 · 진흥왕

ㅊ

29　인물 174 · 채만식
29　인물 175 · 채응언
30　인물 176 · 최남선
30　인물 177 · 최만리
31　인물 178 · 최무선
32　인물 179 · 최승희
32　인물 180 · 최시형
33　인물 181 · 최윤덕
33　인물 182 · 최익현
34　인물 183 · 최제우
34　인물 184 · 최충

35　인물 185 · 최충헌
35　인물 186 · 최치원
36　인물 187 · 최현배

ㅌ

36　인물 188 · 태종

ㅎ

37　인물 189 · 한용운
39　인물 190 · 한호
39　인물 191 · 해모수
40　인물 192 · 허난설헌
40　인물 193 · 현덕
41　인물 194 · 현진건
41　인물 195 · 혜초
42　인물 196 · 홍경래
42　인물 197 · 홍난파
43　인물 198 · 홍대용
44　인물 199 · 홍범도
44　인물 200 · 황석영
45　인물 201 · 황순원
45　인물 202 · 황진이
46　인물 203 · 황현
46　인물 204 · 효종
47　인물 205 · 흑치상지
47　인물 206 · 흥선 대원군

ㄱ

48 인물 01 · 가리발디
48 인물 02 · 가우스
49 인물 03 · 고개지
49 인물 04 · 고르바초프
50 인물 05 · 고흐
52 인물 06 · 괴테
53 인물 07 · 구양순
53 인물 08 · 구텐베르크
54 인물 09 · 그라쿠스
54 인물 10 · 그룬트비
55 인물 11 · 그리그
55 인물 12 · 그림 형제

ㄴ

56 인물 13 · 나관중
56 인물 14 · 나세르
57 인물 15 · 나쓰메 소세키
57 인물 16 · 네루
58 인물 17 · 노자
58 인물 18 · 누르하치
59 인물 19 · 니체

ㄷ

59 인물 20 · 단테

60 인물 21 · 달라이 라마 14세
60 인물 22 · 덩샤오핑
61 인물 23 · 덩컨·이사도라
61 인물 24 · 데모크리토스
62 인물 25 · 데카르트
62 인물 26 · 도데
63 인물 27 · 도스토예프스키
63 인물 28 · 도연명
64 인물 29 · 도요토미 히데요시
64 인물 30 · 도일
65 인물 31 · 도쿠가와 이에야스
65 인물 32 · 돌턴
66 인물 33 · 두보
66 인물 34 · 뒤낭
67 인물 35 · 드브리스
67 인물 36 · 드골
68 인물 37 · 드보르자크
68 인물 38 · 디킨스

ㄹ

69 인물 39 · 라부아지에
69 인물 40 · 라이프니츠
70 인물 41 · 라파엘로
71 인물 42 · 레닌
71 인물 43 · 레셉스
72 인물 44 · 렘브란트
73 인물 45 · 로댕

74 인물 46 · 로베스피에르
74 인물 47 · 로크
75 인물 48 · 록펠러
75 인물 49 · 뢴트겐
76 인물 50 · 루소
76 인물 51 · 루쉰
77 인물 52 · 루스벨트
77 인물 53 · 루이 14세
78 인물 54 · 루터
78 인물 55 · 뤼미에르 형제
79 인물 56 · 르누아르
79 인물 57 · 리치
80 인물 58 · 리카도
80 인물 59 · 린네
81 인물 60 · 릴케

ㅁ

81 인물 61 · 마네
82 인물 62 · 마르크스
82 인물 63 · 마오쩌둥
83 인물 64 · 마젤란
83 인물 65 · 마키아벨리
84 인물 66 · 막사이사이
84 인물 67 · 맥아더
85 인물 68 · 맬서스
85 인물 69 · 맹자

▲ 대마도를 정복한 이종무가 대마도 도주에게 항복을 받는 모습

사회 6-1
1. 우리 민족과 국가의 성립
③ 유교를 정치의 근본으로 삼은 조선

본관은 장수, 시호는 양후이다. 어려서부터 말타기와 활쏘기를 잘 했다.

1381년(우왕 7) 강원도에 침입한 왜구를 무찌른 공으로 정용호군이 되었다. 그 뒤 옹진 만호·안주 절제사·좌참찬 등을 지냈으며, 1419년(세종 1) 삼군 도체찰사가 되었다.

그 해 왜선 50여 척이 우리 나라 해안에 침입하여 병선을 불태우고 약탈을 하는 등 왜구의 침입이 잦았다. 이에 조선에서는 왜구의 본거지를 쳐서 뿌리를 뽑기 위해 쓰시마 섬 정벌을 결정하게 되었다.

그 때 그는 상왕으로 조선의 군대 통솔권을 갖고 있던 태종의 명을 받아 전함 227척, 군사 1만 7,285명을 거느리고 쓰시마 섬 정벌에 나섰다.

이종무는 섬에 상륙해 왜구의 크고 작은 배 129척과 가호 1,940여 호를 불태웠으며, 적병 114명의 목을 베고 중국인 포로 수백 명을 구출하는 등 큰 승리를 거두었다. 이를 기해동정이라 한다. 그 뒤 우리 나라의 해안을 노략질하던 왜구의 활동은 임진왜란 때까지 거의 자취를 감추게 되었다.

쓰시마 섬 정벌 뒤 찬성사에 올랐으나 불충한 김훈 등을 정벌군에 편입시켰다는 이유로 벼슬을 빼앗기고 상원으로 귀양을 갔다가 이듬해 복직되어 풀려났다. 1421년에 부원군이 되었다.

사회과 탐구 6-1
3. 대한민국의 발전
① 나라를 되찾기 위한 노력

중학 국사
8. 주권 수호 운동의 전개
② 일제의 침략과 의병 전쟁

함경 남도 북청에서 태어났다. 호는 일성·해사·청하·해옥, 본명은 순칠.

1899년 독립 협회가 강제 해산되자 민영환 등과 비밀 결사인 개혁당을 조직, 개혁 정치를 실현하려 했으나 실패했다.

1904년 대한 보안회를 조직하여 황무지 개척권을 얻으려는 일제의 음모를 폭로하고 일진회에 대항하여 공진회를 조직, 회장에 추대되었다.

을사조약이 체결되자 동지들과 자결하기로 결심했으나, 생각을 바꾸어 '구국의 길은 국민을 계몽시키는 길밖에 없다.'고 생각하여 활동에 나섰다. 헌정 연구회를 조직하여 대한 자강회로 발전시켰고, 보광 학교와 오성 학교를 세웠다.

1907년 6월 헤이그에서 개최된 제2회 만국 평화 회의에 이상설·이위종 등과 함께 고종의 특사로 파견되었으나 일본측의 방해로 회의에 참석하지 못하고 다만 그 곳에 모인 각국 대표들과 신문 기자들에게 을사조약의 부당성과 일본의 범죄 행위 및 한국의 독립을 호소할 수밖에 없었다. 뜻을 이루지 못한 이준은 분을 참지 못해 그 곳에서 순국했다.

1962년 건국 훈장 대한민국장을 받았다. 헤이그에 묻혀 있던 유해는 1963년 서울 수유리 묘지로 이장되었다.

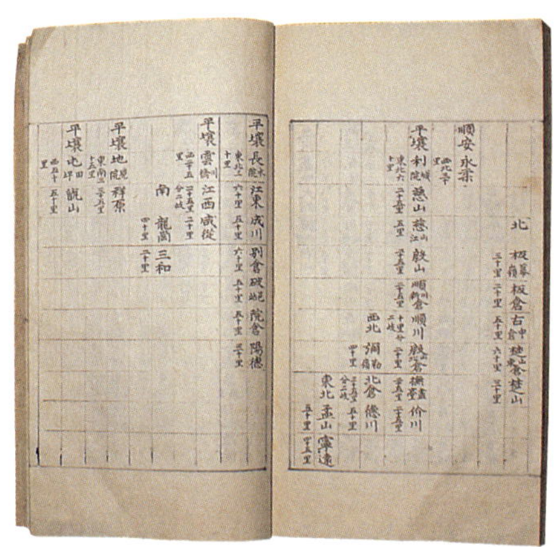

▲ 이중환의 인문 지리서 〈택리지〉

교과서 살펴보기

사회 6-1
2. 근대 사회로 가는 길
① 새로운 사회로의 움직임

중학 국사
6. 조선 사회의 변동
① 붕당 정치와 탕평책

자는 휘조, 호는 청담·청화산인. 1713년(숙종 39) 증광 문과에 병과로 급제, 1717년 김천 도찰방을 거쳐 병조 좌랑을 지냈다.

1721년 경종은 대를 이을 왕자도 없고, 몸이 쇠약하여 연잉군(영조)을 왕세제로 책봉했다.

그런데 지관 목호룡이 파가 다른 노론이 연잉군과 짜고 왕을 죽이려 한다고 고발해 김창집 등 60여 명이 목숨을 잃는 신임사화를 일으켰다. 이 일로 목호룡은 공신이 되었고, 목호룡과 친하게 지내던 이중환도 병조 좌랑의 벼슬을 얻었다.

1724년 영조가 즉위하자 목호룡은 무고 혐의로 체포되어 죽었고, 이중환도 그 일당으로 몰려 외딴 섬으로 귀양 갔다가 1727년 풀려났다. 그 후 이중환은 벼슬에 대한 생각을 버리고 죽을 때까지 학문에만 힘썼다.

이익의 실사구시 학풍을 이어받아 1730년까지 전국을 돌아다니면서 지리·사회·경제를 연구하여 실학 사상을 발전시키는 데 큰 공적을 남겼다.

대표적인 저서로 〈택리지〉가 있다. 〈택리지〉는 30여 년 동안 전국을 돌아다니면서 그 지방의 지형과 내력 및 산물 등에 대해 보고 들은 것을 적고, 나름대로의 의견을 첨가한 인문 지리서이다.

▲ 이징옥이 김종서와 함께 나선 북방 개척 장면

교과서 살펴보기

사회 6-1
1. 우리 민족과 국가의 성립
③ 유교를 정치의 근본으로 삼은 조선

지중추원사 이전생의 아들. 형과 함께 뛰어난 담력과 무예에 얽힌 많은 일화를 남겼다. 어렸을 때 깊은 산중에서 호랑이와 마주쳤는데, 눈싸움으로 호랑이의 기를 꺾어 활로 단번에 호랑이를 쏘아 잡았다는 일화가 있다. 세종 초에 김종서를 따라 북변에 종군했고, 1424년에는 경원진 첨절제사로 여진족의 침입을 격퇴했다.

세종 때의 북방 6진 개척에 크게 공헌하여, 김종서의 후임으로 함길도 도절제사가 되었다. 1453년 정권을 획득한 세조가 김종서 등 반대 세력을 죽인 뒤, 김종서의 심복이라 하여 이징옥을 파직시키고, 그 후임으로 박호문을 보냈다. 이를 몰랐던 이징옥은 한성으로 돌아가던 도중, 김종서 등이 죽임을 당한 소식을 듣고, '이대로 잡혀 죽을 수는 없다.' 하여 발길을 돌려 박호문을 죽이고 군사를 일으켰다.

그는 곧 여진족의 후원을 약속받은 후 두만강 건너편의 오국성을 도읍으로 정했다. 두만강을 건너려고 종성에서 묵는 사이 부하인 종성 판관 정종과 호군 이행검의 습격을 받고 왼팔이 잘린 채 싸우다가 아들들과 함께 죽었다. 이 사건 이후에 함경도 지역에 대한 차별 대우가 더욱 심해졌으며, 훗날 이시애의 반란이 일어나는 계기가 되었다.

사회과 탐구 6-1
1. 우리 민족과 국가의 성립
① 하나로 뭉친 겨레

성은 박이며, 자는 염촉·염도이다. 거차돈·처도라고도 한다. 이차돈은 일찍부터 불교를 믿었으며 신라에서 불교가 허용되지 않는 것을 늘 아쉬워했다.

당시 법흥왕은 불교를 국교로 삼아 신라를 새롭게 통합해 나가려고 했으나, 토착 신앙에 젖은 조정 신하들의 반대로 뜻을 이루지 못하고 있었다. 이차돈은 불교를 전파하려면 먼저 절을 세워야 한다고 간하고 왕의 명령을 받아 성지 천경림에 절의 공사를 시작했다. 하지만 가뭄과 장마가 심한데다 전염병까지 나돌자 조정 신하들은 왕이 불교를 가까이했기 때문이라며 이차돈을 처단해야 한다고 주장했다.

527년 이차돈은 모든 책임을 자신이 지고 형을 자청하고 나서 만일 부처가 있다면 자기가 죽은 뒤 반드시 기이한 일이 일어날 것이라고 예언했다. 예언대로 그의 잘린 목에서 흰 피가 나오고 하늘이 컴컴해지더니 꽃비가 내리는 기적이 일어났다. 이 일로 신하들은 마음을 돌렸고, 법흥왕이 불교를 공인하게 되었다고 한다.

▲ 이차돈 순교비

사회 5-2
3. 우리 겨레의 생활 문화
① 조상들의 멋과 슬기

사회과 탐구 6-1
1. 우리 민족과 국가의 성립
③ 유교를 정치의 근본으로 삼은 조선

이천은 뛰어난 장수이면서 동시에 과학자로서의 소질을 지녀, 금속을 나루는 기술이 뛰어났다. 1402년(태종 2) 무과에 급제하고, 1410년 무과 중시에 급제했다. 세종 초 동남 연해에 출몰하는 왜구를 토벌해서 충청도 병마도절제사가 되었다.

1420년 공조 참판이 되어 과학자로서 첫발을 내디뎠다. 그 해 10월 태종 때의 금속 활자 '계미자'를 개량하여 구리 활자 '경자자'를 만들었다.

병조 참판을 거쳐 지중추원사로 있을 때는 왕명을 받아 다시 '경자자'보다 모양이 약간 크며 글자 모양이 바르고 깨끗한 필서체로 글자 수도 20만여 자가 되는 구리 활자 '갑인자'를 만들었다.

1437년에는 평안도 도절제사가 되어 북쪽의 오랑캐를 정벌했으며, 이듬해에는 호조 판서로 왕실 천문대인 '간의대' 설치를 총감독하고, 장영실의 도움을 받아 여러 가지 천문 관측 기계를 만들었다.

그 밖에도 화포를 만드는 등 과학 발달에 큰 공헌을 했다.

▲ 왕실의 천문대인 간의대

이황 (1501~1570) · 세계에까지 이름을 떨친 조선 시대의 성리학자

조선 중기의 문신이며 학자로, 자는 경호, 호는 퇴계 · 도옹이다. 경상도 예안현 온계리(지금의 안동시 도산면 온혜리)에서 좌찬성 이식의 막내아들로 태어났다. 성리학을 크게 발전시켜 '동방의 주자' 라고 불렸다.

1534년 문과에 급제하여 승문원 부정자로 등용된 이후 여러 벼슬을 거쳐 1543년 성균관 사성이 되었다. 1546년(명종 1) 낙향하여 낙동강 상류 토계에 양진암을 지었다. 이 때 토계를 퇴계로 바꿔 부르고 자신의 호로 삼았다.

1548년 풍기 군수 재임 중에 주자가 백록동 서원을 부흥한 선례를 좇아서, 고려 말기의 주자학의 선구자인 안향이 공부하던 땅에 전임 풍기 군수 주세붕이 창설한 백운동 서원에 편액 · 서적 · 학전을 내려 달라고 청원하자 명종은 그의 건의를 받아들여 직접 이름까지 지어 주었다. 이것이 바로 조선 시대 사액 서원의 시초가 된 소수 서원이다. 1년 뒤 벼슬에서 물러나 독서와 사색에 몰두했고, 1552년에는 성균관 대사성에 임명되었다. 그 뒤에도 여러 차례 벼슬을 권유받았으나 대부분 사양했다.

60세(1560) 때 안동에 도산 서당을 짓고 자신의 아호를 '도옹' 이라 정했으며, 이로부터 7년간 독서 · 수양 · 저술에 전념하면서 수많은 제자들을 길러 냈다.

명종이 죽고 선조가 즉위하여 이황을 예조 판서 등에 임명했으나 신병 때문에 부득이 귀향했다. 그 뒤 그의 학문의 결정인 〈성학십도〉를 저술하여 선조에게 바쳤다.

1570년 70세가 되던 해 11월 8일 아침, 평소에 사랑하던 매화에 물을 주게 하고, 침상을 정돈시키고, 일으켜 달라고 하여 단정히 앉은 자세로 죽음을 맞이했다. 선조는 3일간 정사를 폐하여 그를 애도했다.

이황이 죽은 지 4년 뒤인 1574년 고향 사람들이 도산 서당 뒤에 서원을 짓기 시작하여

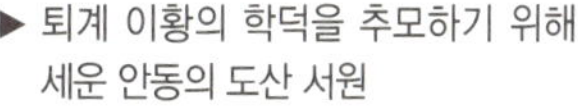

생활의 길잡이 5
5. 서로 존중하는 태도

국어 읽기 6-2
5. 소중한 만남을 기억하며

사회 6-1
1. 우리 민족과 국가의 성립
③ 유교를 정치의 근본으로 삼은 조선

▶ 퇴계 이황의 학덕을 추모하기 위해 세운 안동의 도산 서원

▲ 도산 서당

▲ 주세붕이 세운 소수 서원(사적 제55호)

1575년에 완공, 도산 서원의 사액을 받았다. 그 이듬해 2월에 그 곳에 이황의 위패를 모셨고, 11월에는 이황에게 '문순' 이라는 시호가 내려졌다.

이황의 학문은 일대를 풍미했을 뿐만 아니라, 이후 영남 지방을 배경으로 하는 주리적인 퇴계 학파를 형성해 왔다. 또한 도쿠가와 이래로 일본 유학의 기본 학파 및 구마모토 학파에 결정적인 영향을 끼쳤다. 그리고 개화기 중국의 정신적 지도자들에게도 큰 영향을 끼쳐 그들로부터 존경을 받았다.

저서에 〈퇴계전서〉가 있고, 작품으로는 시조 〈도산십이곡〉이 있다.

〈도산십이곡〉 중에서

이런들 엇더하며 저런들 엇더하료
초야우생(草野愚生)이 이러타 엇더하료
하물며 천석고황을 고텨 므슴하료.

연하(煙霞)로 집을 삼고 풍월로 벗을 삼아
태평성대(太平聖代)에 병으로 늙어 가네
이 중에 바라는 일은 허물이나 업고쟈.

순풍(淳風)이 죽다 하니 진실로 거즛말이
인성(人性)이 어지다 하니 진실로 올흔말이
천하(天下)에 허다 영재(英才)를 속여 말씀할가.

▲ 이황의 묘

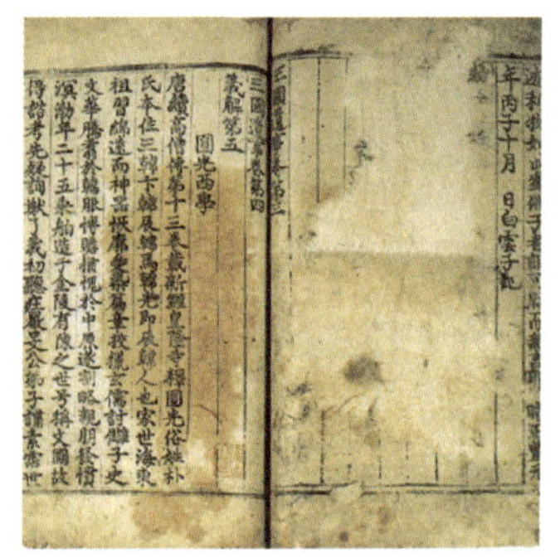
▲ 일연이 지은 〈삼국유사〉

　속성은 김, 이름은 견명, 자는 회연·일연, 호는 무극·목암이다. 1214년(고종 1) 9세에 전라도 해양(지금의 광주) 무량사에 들어가 학문을 닦다가 1219년 승려가 되었다. 1227년 승과에 급제한 후 1236년 몽골 군이 침입했는데도 피란 가지 않고 열심히 기도를 올려 그 공으로 1237년 삼중대사가 되었다. 이후 전국을 돌아다니며 고통받는 중생을 불도로 인도해 1246년 선사, 1259년 대선사가 되었다.

　1268년 운해사에서 대덕 100여 명을 모아 대장경 낙성회를 조직, 그 맹주가 되었다. 1277년(충렬왕 3) 운문사 주지가 되어 왕에게 법을 강론, 1283년 국존으로 추대되고 원경충조의 호를 받았다. 1284년 인각사를 중건하고 그 곳에서 두 차례의 구산문도회(전국 불교도 대회)를 열었다. 탑과 비는 인각사에, 행적비는 운문사에 있다.

▲ 일연이 주지로 있었던 운문사

　일연이 쓴 〈삼국유사〉는 우리 나라에 현존하는 가장 오래 된 역사책이다. 〈삼국유사〉는 우리 나라의 고대 신화와 설화, 그리고 향가를 집대성한 책으로, 고대사 연구에 귀중한 자료가 된다.

　자는 영백, 호는 고송이다. 어릴 때 전쟁놀이를 할 때 지휘 솜씨가 어찌나 당당하던지 어른들도 감히 그 놀이터를 지나가지 못했다고 한다.

　17세에는 고향의 무술 대회에서 1등을 하고, 1624년(인조 2) 정충신 휘하에서 이괄의 난을 평정하는 데 공을 세워 공신이 되었다. 1630년 평양 중군으로 검산성과 용골성을 고쳐 쌓는 한편, 가도에 주둔한 명나라 도독 유흥치의 군사를 감시, 그 준동을 막았다.

　1636년 병자호란이 일어나자 백마산성에서 청나라 군대의 진로를 차단하고 원병을 청했으나 김자점의 방해로 적이 다른 길로 남하해 결국 남한산성까지 포위되었다.

▲ 임경업 장군을 기리는 사당인 충주의 충렬사

　1637년과 1640년 두 차례 청나라가 명나라 군대를 치기 위해 병력을 요청하자 수군장으로 참전했으나 명나라와 내통, 그 피해를 줄이게 했다.

　1644년 좌의정 심기원이 역모를 꾀하다 탄로나자 임경업과 공모했다고 거짓 자백하여, 1646년 청나라에서 송환되어 신문을 받다가 죽었다.

▲ 임꺽정의 전설이 서려 있는 고석정

사회 6-1
1. 우리 민족과 국가의 성립
③ 유교를 정치의 근본으로 삼은 조선

일명 임거정. 언제 어디서 태어났는지는 전하지 않는다. 양주 지역에서 살던 백정으로 힘이 장사이고 배짱이 남달랐다고 한다. 1555년(명종 10)에 왜구가 침입했을 때 군사로 출전하기도 했다. 이 무렵 조정은 세도가 윤원형으로 인한 정치의 혼란과 관리의 부패가 극에 달해 있었다. 그로 인해 민심이 흉흉해지자 1559년(명종 14) 도둑과 불평분자들을 규합, 황해도와 경기도·강원도 일대에서 관아를 습격하고 지주의 창고를 털어 곡식을 빈민에게 나누어 주었다. 나라에서는 토벌군을 급히 파견했으나 교묘한 작전으로 관군을 골탕먹였다. 그 해 4월에는 개성까지 쳐들어가 포도관 이억근을 죽이기도 했다. 1560년 형 가도치와 참모 서림이 체포되어 그 세력이 꺾여 구월산으로 숨어 들어갔다. 1562년 토포사 남치근의 대대적인 토벌로 구월산에서 체포되어 처형되었다.

나라를 어지럽힌 도둑이었지만 가난한 사람들을 도와 주어 존경받는 인물로 기억되기도 한다. 강원도 철원에 있는 고석정과 관련된 임꺽정의 전설이 많이 전해 내려온다. 〈명종실록〉에는 그의 이름이 임거질정으로 적혀 있다.

▲ 고석정을 휘감으며 유유히 흐르는 한탄강

사회 6-1
3. 대한민국의 발전
① 나라를 되찾기 위한 노력

자는 중옥이고, 호는 둔헌이다. 전라 북도 옥구(지금의 군산)에서 태어났다. 1905년 을사조약이 체결되자, 최익현과 함께 의병을 모집하여 순창에서 일본군과 싸웠으나 최익현과 함께 붙잡혔다. 곧 쓰시마 섬에 유배되었다가 1907년 1월 풀려났다.

한일 병합 뒤 재기를 준비하던 중 1912년 고종의 밀명으로 독립 의군부를 조직, 전라 남도 순무대장에 임명되었다. 1913년 2월 호남 조직을 정비하고, 1914년 본거지를 서울로 옮겨 전국적인 조직으로 확대하는 한편, 이름을 대한 독립 의군부로 고쳤다. 총사령에 추대된 그는 조직을 개편, 서울·강화·수원·개성·광주에 5영을 설치했다.

1914년 5월 일본의 내각 총리대신과 총독 등에게 '국권 반환 요구서'를 제출하여 한일 병합의 부당성을 설명하는 한편, 전국적인 항일 운동을 계획했다. 그러나 한 동지가 붙잡혀 조직이 발각되었고, 그는 임원들과 함께 일본 경찰에게 붙잡혀 결국 대한 독립 의군부는 해체되었다.

임병찬은 거문도에 유배되어 1916년 단식 끝에 순국했다. 저서에 〈둔헌문집〉이 있으며, 1962년 건국 훈장 독립장을 받았다.

▲ 임병찬 유적지

호는 성산이다. 평안 북도 용천에서 태어나 1932년 경성 의전을 졸업한 뒤 일본 나고야 대학에서 의학사 학위를 받았다. 그 뒤 평양 의대 교수·평양 도립 병원장 등을 지냈다.

1950년 12월, 6·25 전쟁 때 평양에서 국군 부상병들을 치료하던 중 중공군이 밀려오자 둘째 아들을 데리고 국군과 함께 황급히 피난길에 올랐는데, 이 때 부인과 5남매 등 다른 가족과 헤어지고 말았다. 그는 곧 가족을 만날 수 있을 거라는 희망을 안고 부산에서 가난한 환자들의 무료 치료를 시작했다.

그는 인술을 통한 사랑을 실천하면서 1951년부터 부산 복음 병원장으로 일했다. 기독교인이었던 그는 의사란 단순히 돈을 벌기 위한 직업이 아니라 하나님이 허락한 소명이라 생각했다. 그는 경성 의전에 들어갈 때 '의사 한 번 못 보고 죽어 가는 가난한 사람들을 위해 평생을 바치겠습니다.' 하고 하나님께 약속했다고 한다. 그는 이 약속을 세상을 떠날 때까지 지켜 나갔다. 1959년 국내 최초로 간대량 절제 수술을 성공하여 당대 최고의 외과 의사 중 한 사람이라는 명성을 얻었다.

그는 부산 복음 병원장과 복음 간호 대학장 등을 지냈고, 수많은 대학에서 강의를 했지만, 죽을 때 작은 서민 아파트 한 채도 없었다. 가난한 환자들의 치료비를 대신 내주었기 때문이다. 자기 월급으로 더는 감당할 수 없을 때는 밤중에 병원 뒷문을 몰래 열어 주어 환자가 도망가게 하기도 했다고 한다.

1968년 병원 규모가 커져서 더 이상 무료 진료를 하기 어렵게 되자, '건강할 때 이웃 돕고, 병났을 때 도움 받자.' 라는 표어 아래, '청십자 의료 보험 조합' 을 만들었다. 이는 우리 나라 의료 보험 제도의 시초가 되었다. 하루하루 먹고살기도 힘들었던 그 시절, 그는 '질병으로 인해 고통을 받는 것만으로도 슬픈데 가난한 사람에게 지나치게 많은 치료비를 부담시킬 수 없다.' 는 신념으로 한국 최초의 의료 보험 조합을 성공적으로 이끌어 갔던 것이다.

일생을 가난한 환자들을 위해 인술을 펼친 그는 이광수의 소설 〈사랑〉의 주인공 '안빈' 의 실제 모델로 알려져 있는데, '한국의 슈바이처, 살아 있는 성자' 등으로 불렸다. 이광수는 그를 가리켜 '당신은 성자 아니면 바보요.' 라고 했다고 한다. 그는 평생 재혼하지 않고 고향에 있는 가족들을 다시 만날 날을 기다리며 살다가 끝내 가족들을 상봉하지 못하고 1995년 성탄절 새벽에 세상을 떠났다.

부산 시민상·막사이사이상·국제 적십자상 등을 받았다. 그는 예수 그리스도처럼 살고 싶어했고, 또 그렇게 살았다. 경기도 마석 모란 공원묘지에 안장되었는데, 비문에는 그의 유언대로 '주님을 섬기다 간 사람' 이라고 적혀 있다.

▲ 장기려 박사의 유품이 전시돼 있는 인당 의학 정보 센터 서가 입구

교과서 살펴보기

사회 6-1
3. 대한민국의 발전
② 대한민국의 수립과 발전

중학 국사
10. 대한민국의 발전
② 민주주의의 시련과 경제 개발

호는 운석이며, 인천에서 태어났다. 1919년 YMCA 영어 학교를 나온 뒤 미국으로 건너가 1925년 귀국했다. 1946년 정치에 뜻을 두어 민주 의원, 남조선 과도 정부 입법 의원 등을 지내고 1948년 제헌 국회 의원에 당선되었다. 1949년 초대 주미 대사가 되어 한미 국교를 위해 공헌했다.

6 · 25 전쟁 때는 주미 대사로 있으면서 유엔과 미국의 지원을 얻어 내는 데 크게 기여했고, 1951년 국무 총리가 되었다가 물러났다. 그 후 야당의 지도자로서 자유당 독재 정권과의 투쟁에 앞장섰으며, 1955년 신익희 등과 민주당을 만들어 최고 위원이 되고, 1956년 부통령에 당선되었다.

3 · 15 부정선거에서 부통령에 다시 출마했다가 낙선했으나 4 · 19 혁명 후 이승만 정권이 무너지자 제5대 민의원에 당선, 내각 책임제하의 제2공화국 국무 총리로 선출되어 정권을 장악했다.

집권 후 국민의 자유를 최대한으로 보장하려는 정책이 사회의 혼란과 무질서를 초래했다. 마침내 1961년 5 · 16 군사 쿠데타가 발생, 총리 취임 9개월 만에 물러나게 되었다. 정치 활동을 금지당하고, 한때 이주당 사건으로 투옥되었으나, 석방된 후 종교 생활에 전념하다가 세상을 떠났다.

교과서 살펴보기

사회과 탐구 4-2
1. 문화재와 박물관
① 옛 도읍지와 문화재

사회과 탐구 6-1
1. 우리 민족과 국가의 성립
① 하나로 뭉친 겨레

휘는 거련으로 광개토 대왕의 맏아들이다. 즉위 초기 중국의 여러 나라에 사신을 파견하여 국교를 맺고, 427년 수도를 만주 퉁거우의 국내성에서 평양으로 옮기는 등 적극적인 남하 정책을 추진했다.

436년 중국 위나라의 침략을 받은 북연의 왕을 받아들여 요동에서 살게 했다. 하지만 북연의 왕이 그 세력을 키우자 2년 뒤 그 일행을 제거해 버렸다. 450년 신라가 고구려 삼척 지역의 장수를 죽이자 신라를 토벌하려 했다. 신라의 사죄로 잠시 미루다가 454년 신라를 크게 쳤다. 468년 말갈의 군사 1만 명을 거느리고 신라의 실직성을 함락시켰다. 475년 친히 군대를 이끌고 백제를 공격하여 수도 한성을 함락했고 개로왕을 사로잡아 죽였다.

480년 말갈의 군사와 함께 신라 북부를 공략하여 고명성 등 7성을 함락시켜 국토가 남으로는 아산만에서 동쪽의 죽령에 이르렀고, 북서쪽으로는 랴오허 강 동쪽의 만주 지방 대부분을 차지하여, 한국 역사상 최대의 제국을 건설했다.

내정 개혁에도 힘을 기울여 부족 제도를 지방 행정 제도로 고쳐 5부를 신설하는 등 고구려의 전성기를 이룩했다.

▲ 장수왕의 능으로 알려진 장군총

▲ 장승업의 〈목동〉

자는 경유, 호는 오원이다. 어려서 고아가 된 장승업은 집안이 어려워 돌봐 줄 사람이 없었다. 소년 시절 이응헌이란 사람의 집에서 심부름을 하게 되었고, 그 집에 있는 중국 명인들의 그림을 보다가 그림의 이치를 깨우쳤다.

붓 한번 제대로 잡아 보지도 못한 그가 매화 등의 그림을 척척 그리는 것을 보고 주인이 그림을 그리게 해 주었다. 소문은 궁궐에까지 퍼져 고종의 명으로 화원이 되었다.

그러나 술을 너무 즐겨 그림을 그리다 완성하지 못하는 경우가 많았다. 특히 얽매이기 싫어하는 성격 때문에 궁궐에서 세 번씩 도망친 일화를 남겼다.

산수·인물 등을 잘 그렸고, 필치가 호방하고 대담하면서도 소탈한 맛이 풍겨 안견·김홍도와 함께 조선 시대의 3대 거장으로 일컬어진다.

작품으로 〈삼인문년도〉, 〈산수도〉, 〈귀거래도〉, 〈호취도〉 등이 있다.

▲ 장승업의 〈호취도〉

▲ 전명운과 장인환(1908)

평양에서 태어나 어릴 때 부모를 여의고 작은아버지의 도움을 받으며 살았다.

1904년 노동 이민으로 미국 하와이로 건너가 사탕수수 농장 등에서 일하다가 샌프란시스코로 이주했다.

1907년 3월 독립 운동을 하기 위해 대동 보국회에 가입했다. 1908년 3월 한국 정부의 외부 고문인 미국인 스티븐스가 샌프란시스코에 와서 일본의 한국 침략을 정당화하고 지지하는 기자 회견을 하자 그를 죽이기로 마음먹었다.

사흘 뒤 스티븐스가 샌프란시스코 주재 일본 영사와 함께 오클랜드 역에서 내리자 저격하려고 했으나, 의혈 청년 전명운이 먼저 쇠뭉치로 습격, 격투를 벌이는 것을 보고 권총으로 스티븐스를 쏘았다. 병원으로 실려 간 스티븐스는 이틀 뒤에 죽었다.

장인환은 재판에서 25년 형을 선고 받았으나 그의 애국심과 예의바른 품행으로 10년 만에 풀려났다.

1927년 귀국하여 결혼한 뒤 다시 미국으로 돌아가 세탁업을 했으나 샌프란시스코에서 질병에 시달리다가 스스로 목숨을 끊었다.

1962년 건국 훈장 대통령장을 받았다.

호는 위암 · 숭양산인이다. 을미사변 때 명성 황후가 시해되자 의병의 궐기를 호소하는 격문을 썼으며, 1896년 아관 파천 때 만 명의 선비가 올리는 상소인 만인소를 기초했다.

1899년 〈시사총보〉의 주필로 언론에 발을 들여놓은 이후, 1901년 황성신문사 사장이 되어 민중 계몽과 자립 정신 고취에 전력을 다했다.

1905년(광무 9) 을사조약이 체결되자 〈황성신문〉에 〈시일야방성대곡〉이라는 사설을 써서 을사조약의 부당함을 전 국민에게 알렸다. 이로 인해 일본 경찰에 잡혀 3개월간 옥살이를 했다. 1906년 대한 자강회를 조직했으나 이듬해 강제 해산되었다.

1908년 블라디보스토크로 망명해 〈해조신문〉의 주필을 맡았으나 신문이 폐간되자 귀국해 1909년 〈경남일보〉 주필로 취임했다. 1910년 8월 29일 〈경남일보〉에 황현의 〈절명시〉를 실었다가 그 일로 신문이 폐간되자 그 뒤 고향에서 칩거했다.

〈대동문수〉, 〈동국유사〉, 〈위암문고〉 등 많은 저작을 남겼으며 1962년 건국 훈장 독립장을 받았다.

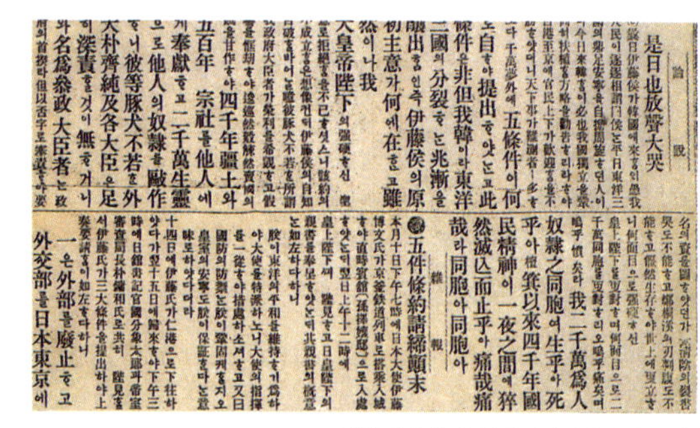

▲ 〈황성신문〉에 실린 〈시일야방성대곡〉

서울에서 태어났다. 1905년 미국으로 건너가 하와이의 농장에서 일하다가 이듬해 샌프란시스코로 이주했다.

그 뒤 철도 공사장 등에서 일하며 항일 독립 단체인 공립 협회 회원이 되었다. 1908년 3월 한국 정부의 외부 고문인 미국인 스티븐스가 샌프란시스코에 와서 일본의 한국 침략을 정당화하고 지지하는 기자 회견을 하자 그를 처형하기로 마음먹었다.

사흘 뒤 스티븐스가 샌프란시스코 주재 일본 영사와 함께 오클랜드역에서 내리자 기습하여 쇠뭉치로 내려쳤다.

그 때 장인환이 스티븐스를 권총으로 저격, 중상을 입혔다. 스티븐스는 병원으로 실려 갔으나 이틀 뒤에 죽었고, 전명운은 살인죄의 공범자로 구속되었다.

미국 내 한인 사회는 장인환과 전명운의 의거를 계기로 일본의 한국 침략을 규탄하는 한편, 재판 비용을 모금해 변호사를 선임하고 재판 투쟁을 벌였다. 재판 결과 전명운은 무죄로 풀려났다.

그 뒤 잠시 유럽을 거쳐 러시아의 블라디보스토크에 가서 독립 운동을 계속하다가 1909년 다시 샌프란시스코로 돌아왔다.

1962년 건국 훈장 대통령장을 받았다.

자는 종지, 호는 삼봉이다. 1375년(고려 우왕 1) 권신 이인임 · 경복흥 등이 주장하는 명나라를 배척하고 원나라와 친밀히 지내자는 정책에 반대했다가 회진현에 유배되었다.

1377년 유형을 마치고 고향 영주에서 학문 연구와 후진 교육에 종사하며, 특히 주자학적 입장에서 불교를 비판하는 자신의 주장을 확고히 했다.

이성계의 오른팔이 되어 조준과 함께 토지 개혁론을 주장했으며, 1389년(창왕 1) 밀직부사로 승진했고, 창왕을 폐위하고 공양왕을 옹립하는 데 적극 가담하여 봉화현 충의군에 책록되었다.

1390년(공양왕 2) 경연지사로 성절사 겸 변무사가 되어 명나라에 다녀와 동판 도평의사사 겸 성균대사성 · 삼사부사 등을 역임했다.

유학의 대가로, 조선 개국 후 군사 · 외교 · 행정 · 역사 · 성리학 등 여러 방면에서 활약했고, '숭유 억불 정책'을 국가 정책의 기본 방침으로 삼게 하여 유학의 발전에 공헌했다. 글씨에도 뛰어났으며, 저서에 〈삼봉집〉, 〈경제육전〉 등이 있다.

▲ 〈삼봉집〉(위)과 그 목판본이 보관되어 있는 삼봉 사당

▲ 정선의 〈동리채국도〉

자는 원백, 호는 겸재 · 난곡이다. 정선은 어릴 때부터 그림에 남다른 재주를 보였다. 그의 그림 솜씨를 아낀 김창집의 천거로 도화서의 화원이 되었다. 당시 화원은 대개 중인이나 상민 출신들로 모두가 중국의 화집을 본뜬 그림들만 그렸다.

정선 역시 처음에는 중국 남화에서 출발했으나 30세를 전후하여 산수를 찾아다니면서 직접 보고 그리는 그림을 그리기 시작했다. 금강산 · 묘향산 등 전국의 명승지를 찾아다니며 우리 나라의 산수를 화폭에 담았으며, 자신만의 독특한 화법을 새롭게 연구하고 개발해 나갔다. 그의 새로운 화풍을 '진경 산수화'라고 하는데, 먹선의 움직임에 힘이 있고 사물을 과감하게 단순화한 붓처리가 특징이다.

그는 활발한 창작 활동을 하여 조선 시대의 화가 중 가장 많은 작품을 남겼다. 현재 전하는 작품은 주로 남종 화풍의 정형 산수와 산수 인물 및 진경 산수화 등인데, 특히 우리 나라의 산천을 소재로 한 진경 산수화에서는 현실감 있는 독창적인 화풍을 완성하고 성행시킴으로써 한국 회화 발전에 큰 업적을 남겼다.

저서에 〈도설경해〉가 있고, 그림으로는 〈입암도〉, 〈여산초당도〉, 〈여산폭포도〉, 〈노송영지〉 등이 있다.

▲ 정선의 산수화 〈금강전도〉

자는 경업, 호는 담원·미소산인, 아호는 위당이다. 1910년 일본이 우리 나라의 국권을 빼앗자, 울분을 이기지 못해 19세의 나이로 중국에 건너가 베이징에서 동양학을 공부했다.

1913년에는 박은식·신규식·신채호·문일평 등과 함께 동제사를 결성하여 독립 운동을 했다.

1918년 고국으로 돌아와 1923년부터 연희 전문의 전임이 되어 한문학과 조선 문학을 강의했으며 〈동아일보〉, 〈시대일보〉의 논설 위원으로 활동했다.

이 때 일본의 식민지 탄압 정책을 날카롭게 비판하는 한편, 〈조선고전해설〉, 〈양명학연론〉, 〈오천 년간 조선의 얼〉 등을 〈동아일보〉에 연재하여 한국사에 대한 관심과 자긍심을 환기시키고 주체적인 민족 의식을 고취시키는 데 힘썼다.

우리 나라의 학문이란 뜻으로 '국학' 이란 말을 처음 사용한 그는 국학 연구의 기초를 실학에서 찾았다. 1946년 민족사를 모르는 국민에게 바른 역사를 알리고자 〈조선사 연구〉를 펴냈다.

1948년 대한민국 수립 후 초대 감찰 위원장이 되었으나 이듬해에 이승만 대통령과 마찰을 빚어 관직에서 물러나 학문 연구에 몰두했다.

청렴결백한 학자였던 정인보는 셋방살이를 면치 못할 정도로 가난하게 살다가 1950년 6·25 전쟁 때 납북되어 묘향산 근처에서 죽었다고 한다.

사회과 탐구 6-1
3. 대한민국의 발전
① 나라를 되찾기 위한 노력
중학 도덕 2
2. 바람직한 국가·민족 생활
① 민족의 발전과 민족 문화 창달

▲ 정인지의 글씨

자는 백저, 호는 학역재, 시호는 문성이다. 세종의 신임을 받아 예조와 이조의 정랑을 거쳐 집현전 학사가 되고, 1425년(세종 7) 집현전 직제학에 승진했다.

1431년 〈칠정산내편〉을 지어 역법을 개정했으며, 형조 참판과 형조 판서를 거쳐, 1440년 사은사로 명나라에 다녀왔다. 1442년 예문관 대제학으로 〈사륜요집〉을 편찬했다.

1443년 지중추원사·제조를 거쳐, 1445년 우참찬 때 〈치평요람〉을 지어 임금께 올렸다. 1448년 이조 판서가 되어 삼남 지방의 토지를 심사하여 등급을 정했고, 뒤에 공조 판서·좌참찬을 거쳐 1452년(문종 2) 병조 판서에 전임되었다.

1453년(단종 1) 세종의 부탁에도 불구하고 수양 대군이 어린 단종을 몰아 내는 일을 도와 우의정이 되고 공신이 되어 하동 부원군에 봉해졌다. 1455년(세조 1) 영의정이 되고, 1458년 불서 간행을 반대하여 부여로 귀양을 가기도 했다. 뒤에 풀려 나와 다시 벼슬에 올랐다.

1468년(예종 즉위년) 남이의 옥사를 처리하여 익대 공신 3등에 책록되고, 1470년(성종 1) 원상으로서 국정을 총괄하고, 이듬해 좌리 공신 2등이 되었다.

성삼문·신숙주 등과 함께 훈민정음 창제에 참여했고, 안지 등과 함께 〈용비어천가〉를 지었으며, 천문·역법·아악 등에 관한 책을 많이 편찬했다. 문집에 〈학역재집〉이 있다.

사회과 탐구 6-1
1. 우리 민족과 국가의 성립
③ 유교를 정치의 근본으로 삼은 조선

조선 제22대 왕(재위 1776~1800)이다. 영조의 손자로 아버지는 장헌 세자(사도 세자)이다. 1759년(영조 35) 세손에 책봉되고, 1762년 5월 아버지가 뒤주에 갇혀 죽는 장면을 목격했다. 즉위 후 본궁을 경희궁에서 창덕궁으로 옮기고 규장각을 설치했다. 이 곳을 왕정 수행의 중심 기구로 삼아 인재를 양성하고 활발한 문화 정치를 추진하는 데 힘썼다. 나이 어린 문신들을 교육하여 국가의 동량으로 키우고 자신의 친위 세력으로 확보했으며, 임진자·정유자 등 새로운 활자를 개발하여 서적을 펴내는 데도 힘썼다. 〈속오례의〉, 〈대전통편〉, 〈오륜행실〉 등이 그 결과물이다.

한편 정조는 당파간의 싸움을 없애기 위한 영조의 탕평책을 이어받아 실시했다. 그럼으로써 왕정 체제를 강화하고 진정으로 백성들을 위한 정치를 실현해 나갔다. 그는 도성 밖으로 나가 직접 백성들을 만나 민원을 접수했다. 감사·수령들에게도 백성들의 어려움을 살피는 행정을 강화하도록 했고, 영조 때 시작된 형사 행정의 쇄신을 계승하여 누구든 부당한 형벌을 받는 일이 없도록 했다. 농업 발전에도 힘을 기울여 측우기를 설치했고, 1782년에는 〈천세력〉이라는 역학 서적을 편찬, 간행하게 했다.

세상을 뜨기 한 해 전 그는 억울하게 죽은 아버지의 저술을 손수 편집하여 예제 3책을 남겼다. 자신의 저술·강론 등도 규장각의 학자들에게 편집하게 하여 〈홍재전서〉 100권으로 남겼다. 유언에 따라 현륭원 옆에 묻혔으며, 그 능을 건릉이라 이름한다.

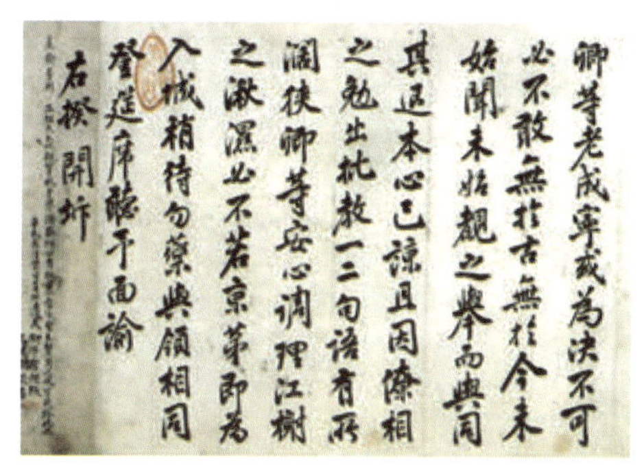

▲ 정조의 글씨

▲ 1794년(정조 18) 화성 축성 때 세워진 동북각루

본관은 해주이다. 공학 금군을 거쳐 인종 때 견룡 대정이 되었으며, 뒤에 교위를 거쳐 상장군이 되었다.

고려는 문신 우대 정책에 따라 무신을 차별 대우했으며, 문신들은 무신들을 무시했다. 당시 의종은 향락을 일삼았고, 문신들의 교만은 극에 달했다. 김부식의 아들 김돈중은 아버지의 권세를 믿고 정중부의 수염을 촛불로 태웠으며, 의종의 보현원 행차 때 대장군 이소응이 젊은 문신 한뢰에게 뺨을 맞는 일도 있었다.

이에 분노한 정중부는 이의방·이고 등과 함께 난을 일으켜 수많은 문신들을 살해하고 의종을 폐하여 거제도로 귀양 보냈다. 그리고 의종의 동생 명종을 왕위에 앉혀 무신 정권을 수립했다. 이를 정중부의 난, 또는 무신의 난이라고 한다.

1173년 무신 정권을 무너뜨리고 의종 복위를 꾀한 김보당의 난을 진압하면서 또 수많은 문신들을 살해하고 의종까지 죽였다.

이듬해 9월에 서경 유수 조위총이 반란을 일으켜 토벌군이 파견되었는데, 이 때 그의 아들 균이 종참 등을 이용하여 이의방을 제거했다.

정중부는 정권을 잡은 후 과거의 문신들 이상으로 탐욕을 부리고 권력을 마음대로 휘두르다가 젊은 장군 경대승에게 살해되었다.

충청 북도 옥천에서 태어나 휘문 고보를 거쳐 1929년 일본의 도시샤 대학 영문과를 졸업했다. 유학 시절 유학생 잡지 〈학조〉에 시 〈카페 프란스〉를 발표하여 문단에 나왔다.

1927년 〈조선지광〉에 〈향수〉를 발표했는데, 이 시는 고향에 대한 추억과 향수를 자연과 가족과의 대비를 통해 노래한 작품으로 뒤에 노래로 만들어져 널리 애창되고 있다.

1930년 김영랑 등과 〈시문학〉 동인이 되었으며, 1933년 〈가톨릭 청년〉에서 일하면서 이상의 시를 세상에 알렸다. 정지용은 일본 강점기의 문인 탄압과 회유에도 꺾이지 않은 민족 시인이었다.

그의 첫 시집 〈정지용 시집〉에 수록된 시 〈향수〉에서는 빼앗긴 조국을 '고향' 의 이미지로 "차마 꿈엔들 잊힐리야."라고 표현하여 민족애를 일깨웠다. 1939년에는 〈문장〉을 통해 박목월·박두진·조지훈 등 청록파 시인을 등단시켰다.

그는 섬세하고 독특한 언어로 대상을 산뜻하게 묘사함으로써 한국 현대시의 새 국면을 개척했으며, 8·15 광복 후 이화 여대 교수와 〈경향신문〉 편집국장을 지냈다. 순수 시인이었으나 광복 후 좌익 문학 단체에 관계하다가 전향, 보도 연맹에 가입했으며, 6·25 전쟁 때 북한군에 끌려간 후 사망했다. 주요 작품에 시 〈향수〉, 〈압천〉, 〈이른봄 아침〉, 〈바다〉, 〈호수〉 등과 시집 〈정지용 시집〉, 〈백록담〉 등이 있다.

자는 계함, 호는 송강이다. 1580년 강원도 관찰사가 된 후, 3년 동안 강원·전라·함경도 관찰사를 지내면서 작품을 많이 남겼다. 이 때 〈관동별곡〉을 지었고, 또 시조 〈훈민가〉 16수를 지어 백성들의 교화에 힘쓰기도 했다. 1585년에는 관직을 떠나 고향에 돌아가 4년 동안 작품 활동을 했다. 이 때 〈사미인곡〉, 〈속미인곡〉 등 수많은 가사와 단가를 지었다. 1591년 혼자 광해군의 세자 책봉을 건의했다가 신성군을 책봉하려던 왕의 노여움을 사 파직되어, 진주·강계에서 유배 생활을 했다.

1592년 임진왜란 때 귀양에서 풀려 왕을 의주까지 모셨고, 다음 해 사은사로 명나라에 다녀왔다. 이듬해 강화에서 세상을 떠나 경기도 고양에 묻혔다. 그의 묘는 뒤에 충북 진천으로 이장했다.

당대 가사 문학의 대가로서 시조의 고산 윤선도와 함께 한국 시가 문학의 쌍벽을 이룬다.

문집으로 〈송강집〉, 〈송강가사〉, 〈송강별추록유사〉, 작품으로 시조 70여 수가 전한다.

▲ 경기도 고양에 있는 송강 문학관

자는 효직, 호는 정암이다. 1510년(중종 5) 진사시에 장원으로 합격, 성균관에 들어가 공부했다. 그 뒤 성균관 유생 200여 명의 추천을 받아 학문과 수양이 뛰어난 유생으로 뽑혔으며, 1515년 이조 판서 안당의 천거로 조지서사지에 임명되었다. 그 해 증광 문과에 급제했으며, 전적·감찰·수찬·교리 등을 거쳐 홍문관의 장관인 부제학을 지낸 뒤 대사헌이 되었다. 그는 성균관 유생들을 중심으로 한 사림파의 절대적인 지지를 바탕으로 유교의 도를 정치적으로 실현하기 위해 적극적으로 활동했다.

그리하여 군주가 정치의 근본이라는 점에서 이상 정치를 실현하기 위해 가장 먼저 국왕을 교육시키는 데 애를 썼다. 그러나 중종의 지지를 업은 훈구파가 대대적인 숙청을 단행하는 기묘사화를 일으킴에 따라 능주에 유배되었다가 죽임을 당했다. 후일 사림파가 정치적으로 기세를 얻자 선조 초에 억울함이 풀려 영의정의 벼슬이 내려졌고, 문묘에 종사되었다.

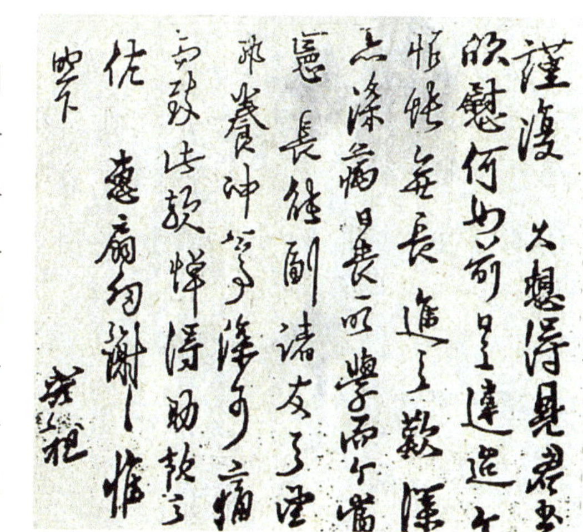

▲ 조광조의 글씨

호는 고당이다. 1908년, 평양 숭실 중학을 졸업하고 일본으로 건너가 세이소쿠 영어 학교에서 3년간 영어를 공부했다. 인도의 독립 운동가 간디의 무저항주의와 민족주의에 감동을 받아 자신의 지침으로 삼기로 결심했다.

1913년 메이지 대학 법학부를 졸업하고, 정주의 오산 학교 교사로 있다가 1915년 교장이 되었다. 1919년 교장직을 사직하고 3 · 1 운동에 참가했다가 체포되어 평양 감옥에서 1년간 복역, 출옥 후 다시 오산 학교 교장에 취임했다.

1921년 평양 그리스도 청년회 총무와 산정현 교회의 장로가 되었다. 1922년 조선 물산 장려회를 조직하고, 회장이 되어 국산품 장려 운동을 벌였다. 1927년 신간회 결성에 참여했으나 일제의 방해로 좌절되었다. 1932년 조선일보사 사장이 되어 민족 언론 창달에 공헌하고 무저항 민족주의 운동을 지도했다.

1945년 광복이 되자 평남 건국 준비 위원회와 인민 정치 위원회 위원장이 되었다. 그 해 11월 조선 민주당을 창당하여 반공 노선을 내세우고 반탁 운동을 전개했다.

이어 소련 군정청 당국과 공산주의자들은 조선 민주당을 접수하고 그를 협박했지만, 그는 끝까지 굽히지 않았다. 6 · 25 전쟁 때 평양 형무소에서 공산당에 의해 살해되었다. 1970년 건국 훈장 대한민국장을 받았다.

교과서 살펴보기

사회 6-1
3. 대한민국의 발전
① 나라를 되찾기 위한 노력

중학 국사
10. 대한민국의 발전
① 대한민국 정부의 수립

▲ 경기도 시흥에 있는 조병세 사적비

자는 치현이고, 호는 산재이다.

1859년(철종 10) 증광 문과에 급제하여 사관을 거쳐 1864년(고종 1) 실록청 도청낭청이 되어 〈철종실록〉의 편찬에 참여했다. 뒤에 함경도 암행어사 · 호조 참판 · 대사헌 · 우의정 등을 지냈다.

1905년 일본이 강제로 을사조약을 체결하자, 79세의 늙은 몸으로 을사오적의 처형을 임금에게 아뢰려고 했으나, 일본군의 방해로 고종과의 면담이 거절되어 뜻을 이루지 못했다. 그 해 11월에는 민영환 등과 함께 백관을 거느리고 대궐에 들어가 을사오적을 처형하고 을사조약을 파기할 것을 상소했다.

그러나 일본군에 의하여 강제로 해산당했으며, 그는 표훈원에 연금되고 말았다. 연금에서 풀려나자 그는 대한문 앞에 거적을 깔고 앉아 계속 을사조약의 파기를 주장하다가 일본 헌병에게 붙잡혀 갔다.

그 뒤 고향인 가평으로 추방되었으나 다시 서울로 올라와 표훈원에서 각국 공사관에 한국의 권리를 회복시켜 주도록 요청하는 글과 함께 동포들에게 충성과 절개로 독립의 기초를 다질 것을 촉구하는 유서를 남기고 스스로 목숨을 끊었다.

1962년 건국 훈장 대한민국장을 받았다.

교과서 살펴보기

사회과 탐구 6-1
3. 대한민국의 발전
① 나라를 되찾기 위한 노력

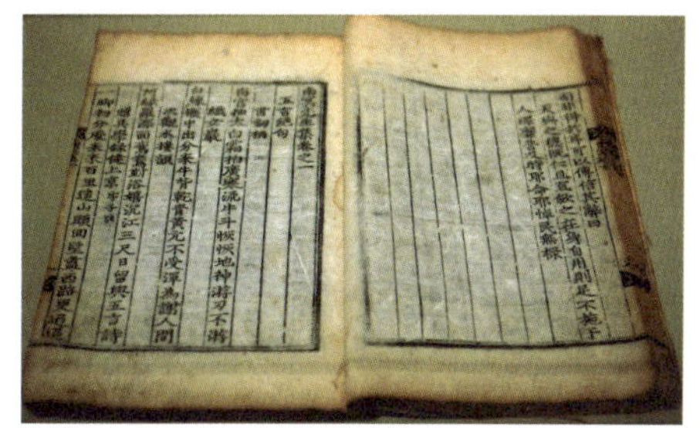

▲ 경북 영주시의 소수 박물관에 보관되어 있는 조식의 문집 〈남명집〉

교과서 살펴보기

국어 읽기 5-2
4. 말과 실천
② 곧은 생각 좋은 세상

사회 6-1
1. 우리 민족과 국가의 성립
③ 유교를 정치의 근본으로 삼은 조선

삼가현(지금의 합천)의 외가에서 태어났다. 아버지를 따라 5세 무렵 서울로 왔다. 25세 때 〈성리대전〉을 읽고 크게 깨달아 성리학에 전념했다.

30세 때 처가가 있는 김해에 산해정이라는 누각을 짓고 학문에 정진하는 한편 후진 양성에 힘썼다.

1551년 오건이 그의 문하에 들어온 이래 정인홍·하항·최영경 등 많은 학자들이 찾아와 학문을 배웠다. 그의 사상은 제자들에게 그대로 이어져 '경상 우도'의 특징적인 학풍을 이루었다. 이들은 대개 은둔적인 학풍을 지니고 있었지만, 국가의 위기 앞에 기꺼이 몸을 바치는 참여 정신 또한 투철했다. 경상 우도는 안동 지방을 중심으로 한 이황의 '경상 좌도'와 더불어 영남 유학의 거대한 두 줄기를 이루었다.

일상 생활에서 조식은 철저히 절제의 자세로 일관했다. 불의와 타협하지 않았으며, 당시의 사회 현실과 정치적 모순에 적극적인 비판의 자세를 가졌다. 평생에 걸쳐 여러 차례 벼슬길에 나올 것을 제의받았으나 끝내 거절했다.

1561년 경상 남도 산청에 산천재라는 누각을 지어 1572년 생을 마감하기까지 머물렀다. 그가 죽자 조정에서는 그에게 대사간의 벼슬을 주었다. 1576년 제자들이 그를 기려 산천재 부근에 덕천 서원을 세웠다.

교과서 살펴보기

사회 6-1
2. 근대 사회로 가는 길
① 새로운 사회로의 움직임

자는 명서, 호는 영호이다. 경제 문제에 관심이 많아 1760년 창원 마산창·진주 가산창·밀양 삼랑창 등 조창(세곡의 수송과 보관을 위해 강가나 바닷가에 지은 창고) 3개의 증설을 건의했다. 덕분에 세곡 수송의 폐해를 시정하여 민폐를 줄였다. 또 공물의 수납을 공정하게 하여 국고의 안정을 기했다.

1763년 통신사로 일본에 갔다 돌아오는 길에 쓰시마 섬에서 고구마의 재배법과 저장법을 익히고, 고구마 종자를 가지고 와 동래와 제주도에 재배하게 하여 최초로 고구마 재배를 실현했다. 고구마는 차차 전국에 퍼져 재배하게 되었다.

1777년(정조 1) 홍국영 일파에게 억울한 누명을 쓰고 평북 위원에 유배되어 있던 중 아들의 상소로 김해로 옮겨졌으나 병사했다.

산업 발전과 건전한 재정을 위해 많은 일을 하고, 문장에도 뛰어났다.

저서에 〈해사일기〉, 〈해행총재〉 등이 있다.

▲ 동래 부사가 동래 왜관에서 일본 사신을 접대하는 장면을 그린 병풍 〈동래 부사 접왜도〉

조선 선조 때의 문신 · 의병장 · 학자이다. 자는 여식, 호는 중봉 · 도원 · 후율이다.

1589년 동인의 횡포를 지적하는 상소를 올렸다가 삼사의 탄핵을 받아 길주로 귀양을 갔다. 같은 해 정여립 모반 사건이 일어나 동인이 실각하자 풀려났다.

1592년 임진왜란이 일어나자 옥천에서 의병을 일으켜 1,700여 명을 모아 영규 등 승병과 합세하여 청주를 탈환했다.

이어 전라도로 향하는 왜군을 막기 위해 금산으로 향했으나, 전공을 시기하는 관군의 방해로 대부분의 의병이 해산되고, 700명의 의병으로 금산 전투에서 분전하다가 의병들과 함께 모두 전사했다. 이들의 무덤이 충청 남도 금산에 있는 칠백 의총이다.

이이의 문인 중 가장 뛰어난 학자로, 이이의 학문을 계승 발전시켰다.

저서에 〈중봉집〉, 〈동환봉사〉 등이 있고, 〈청구영언〉에 시조 세 수가 전한다.

▲ 칠백 의총

경상 남도 함안에서 태어났으며, 호는 신재 · 손옹 · 남고이다. 1522년(중종 17) 생원시와 별시 문과에 급제하고 공조 좌랑 · 병조 좌랑 · 사간원 헌납 등을 지냈다. 1545년(명종 즉위년) 성균관 사성에 임명되었으며, 1548년 호조 참판이 되었다.

1549년 황해도 관찰사로 나갔다가 뒤에 대사성 · 동지중추부사 등에 임명되었다. 중앙에 있을 때는 주로 홍문관 · 성균관 등 학문 기관에서 관직을 맡았고, 지방관으로 나가서는 그 지역을 중심으로 교육과 교화에 힘썼다. 그는 성균관을 대표할 만한 인물이라 평가될 정도로 학문이 깊었다.

1543년 풍기 군수로 있을 당시, 고려 말의 주자학자 안향을 모시는 사당을 지어 회헌사라 했다. 또 지방 양반 자제들의 교육 기관으로 백운동 서원을 세웠다. 이 서원은 1553년에 이황의 요청으로 나라에서 ‘소수’라는 이름과 서적 · 토지 · 노비 등 각종 지원을 받았다. 소수 서원은 국가에서 인정한 사립 학원의 위치가 확고해지면서 풍기 지역 문인 · 학자들의 집결소이자 향촌의 중심 기구가 되었다. 주세붕은 이 곳에서 유생들과 강론하고 향촌의 풍속을 교화하는 등 열성을 보였다.

그 후 전국에 이를 본뜬 서원이 속속 세워졌다. 저서로 〈죽계지〉, 〈동국명신언행록〉, 〈진헌심도〉, 문집으로 〈무릉잡고〉가 있다.

지눌 (1158~1210)　　조계종을 창시한 고려의 승려

속성은 정, 호는 목우자이다. 1165년(의종 19) 8세 때 출가하여 승려가 되었고, 1182년(명종 12) 승과에 급제했다. 1185년 하가산 보문사에서 3년간 〈대장경〉을 연구하면서, 선종과 교종을 통합할 필요성을 느꼈다.

지눌은 지리산 상무주암에서 3년 동안의 참선을 마치고 적극적 현실 참여의 길로 나서, 1200년(신종 3) 송광산 길상사로 옮겨 중생을 떠나서는 부처가 존재할 수 없다고 설파했다. 또 중생에게 불법을 전파하되 자신의 깨달음이 앞서야 한다고 주장했다. 이에 선종을 기본으로 하여 교종을 응용함으로써 합일점을 추구했다. 이로써 아홉 개로 나누어진 선종을 조계종에 통합, 의천의 천태종과 함께 고려 불교 양대 산맥의 통일을 기한 큰 업적을 이룩했다.

1204년에 즉위한 희종은 송악산을 조계산, 길상사를 수선사라 고쳐 제방을 친히 써 주고 지눌에게 만수 가사를 내렸다. 1210년 법당에서 문도들과 대화를 나눈 뒤 입적했다. 죽은 뒤 국사의 품계를 받았다.

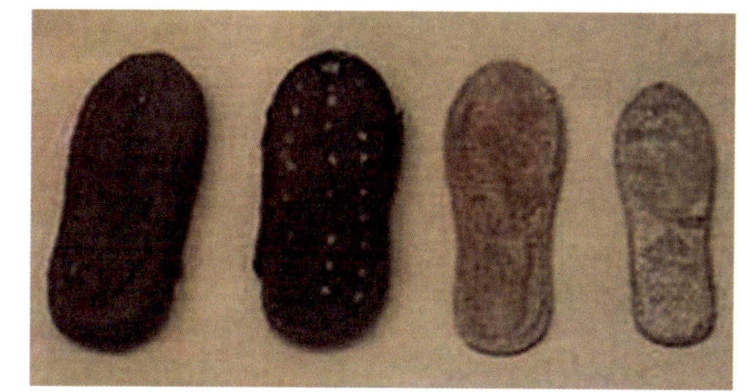

▲ 지눌 스님의 목욕 신발

지증왕 (437~514)　　신라의 국호를 확정하고 국가 체제 정비에 힘쓴 왕

신라 제22대 왕(재위 500~514)으로, 성은 김, 이름은 지대로 · 지도로 · 지철로이다. 신라 때 부르던 임금의 칭호를 붙여 지증 마립간이라고도 한다. 〈삼국사기〉에 의하면 그는 몸집이 크고 담력이 뛰어났다고 한다. 소지왕이 후계자가 없이 죽자 육촌 아우였던 지증왕이 64세의 나이로 왕위를 계승했다. 당시 신라에는 임금이나 귀족이 죽으면 그에 딸린 아랫사람을 산 채로 함께 묻는 순장 제도가 있었다. 502년 지증왕은 그 폐단을 느끼고 순장을 금지하는 법령을 내렸다.

소를 이용해 밭을 가는 우경법을 시행하여 농업 발전에도 큰 기여를 했다. 개국 이래 사라 · 사로 등으로 다양하게 사용되던 국호를 '덕업이 날로 새로워지며 사방을 망라한다.' 는 뜻의 '신라' 로 확정했다. 또한 왕을 뜻하는 '마립간' 이라는 칭호를 '왕' 으로 고치는 등 국가 체제 정비에 힘썼다. 505년에는 군현제를 실시해 전국을 주 · 군 · 현으로 구분하고, 실직주(지금의 강원도 삼척)에 군주를 두었다. 512년 이사부를 시켜 지금의 울릉도인 우산국을 정벌하기도 했다.

지증왕은 왕위에 오른 지 15년 만에 78세의 나이로 죽었다. 그가 죽자 지증이라는 시호가 붙여졌는데, 신라에 시호가 정해진 것도 이 때가 처음이었다.

호는 백산, 본명은 대형이며 이청천이라고도 부른다. 1908년 정부 유학생으로 일본 육군 중앙 유년 학교를, 1913년 일본 육군 사관학교를 졸업하고 보병 중위로 있다가 1919년 만주로 망명했다.

신흥 무관학교에서 독립군 간부를 양성하고, 1920년 서로 군정서가 조직되자 간부로 취임했다. 청산리 전투 후 일본군의 대대적인 보복을 피하여 신흥 무관학교를 폐쇄, 병력을 이끌고 간도의 안도현으로 옮겨 갔다. 그 뒤 서일 · 김좌진 등과 대한 독립군단을 조직하고, 만주를 벗어나 헤이룽장 성 자유시로 갔다.

1930년 한국 독립당 창당에 참여하여 군사 위원장이 되었다. 별도로 한국 독립군을 만들어 총사령관이 되고, 1932년 동아 혁성 동맹의 간부로서 각지의 항일 단체를 규합하는 데 힘썼다. 1933년 치치하얼에 잠입하여 항일 지하 운동을 지휘, 한 · 중 연합군의 총참모장이 되었으나, 중국 공산당의 압력을 받아 무장 해제당한 후 재만 독립군을 산하이관으로 이동시키고, 뤄양 군관학교에 한국인 특별반을 설치하여 그 총책임자가 되었다.

1940년 충칭으로 옮긴 임시 정부의 광복군 총사령관에 임명되어 항일전을 수행하다가 1945년 광복 후 귀국했다. 1947년 제헌 국회 의원이 되었고, 정부 수립 후 초대 무임소 장관을 역임했으며, 제2대 국회의원, 민주 국민당 최고 위원을 지냈다.

사회 6-1
3. 대한민국의 발전
① 나라를 되찾기 위한 노력

중학 국사
9. 민족의 독립 운동
③ 독립 전쟁의 전개

▲ 황초령 진흥왕 순수비

사회 6-1
1. 우리 민족과 국가의 성립
① 하나로 뭉친 겨레

중학 국사
2. 삼국의 성립과 발전
① 삼국의 형성

신라 제24대 왕(재위 540~576)으로, 성은 김, 이름은 삼맥종 · 심맥부이다. 갈문왕 입종의 아들로, 법흥왕의 뒤를 이어 7세에 왕위에 올랐으며, 법흥 왕비가 섭정했다.

541년 이사부를 병부령에 임명하고, 백제에 대해 화친 정책을 쓰는 등 정치를 잘 펼쳐 나갔다. 551년(진흥왕 12) 연호를 개국이라 하며, 직접 정치를 하기 시작했다 쇠망해진 가야의 악공 우륵 등을 받아들이기도 하고, 국가적 행사로 팔관회를 개최했다.

553년 백제가 점령했던 한강 유역의 요지를 빼앗아 그 곳에 신주를 설치했다. 554년 백제 성왕이 쳐들어오자 크게 물리쳤다.

562년 이사부를 시켜 대가야를 정벌했다. 진흥왕은 새로이 정복한 땅에서 직접 민심을 수습하고, 창녕 · 북한산 · 황초령 · 마운령 등에 순수비를 세워 신라의 땅임을 밝혔다.

576년 화랑 제도를 창설해, 나라를 이끌어 갈 인재를 키움으로써, 삼국 통일의 원동력이 되었다.

▲ 진흥왕이 수도했다는 진흥굴이 있는 고창 선운산

호는 백릉·채옹이다. 전라 북도 옥구(지금의 군산)에서 태어났다. 1922년 중앙 고보를 거쳐 일본 와세다대 영문과에 입학했다. 그러나 1923년 귀국해 다시 돌아가지 않자 퇴학 처분되었다.

1925년 단편 〈세 길로〉를 〈조선문단〉에 발표하여 문단에 나왔다. 그 뒤 〈사라지는 그림자〉, 〈부촌〉 등의 단편과 희곡 〈화물 자동차〉, 장편 〈인형의 집을 나와서〉 등을 발표했다. 1933년 지식인 사회의 고민과 한계를 파헤친 단편 〈레디 메이드 인생〉을 발표하여 풍자 작가로서의 재능을 보여 주었다. 1937년에는 한 여인의 비극적인 사건을 두고 사회의 비리를 풍자한 장편 〈탁류〉를 발표했다.

한때 〈동아일보〉, 〈조선일보〉 기자로 활동했다. 8·15 광복 후에는 질병과 싸우면서도 왕성한 창작 활동을 계속해 〈여자의 일생〉, 〈잘난 사람들〉 등을 발표했다. 1950년 폐결핵으로 죽었다. 소설집에 〈채만식 단편집〉, 〈태평천하〉 등이 있으며, 1973년 중편 〈과도기〉와 희곡 〈가죽 버선〉이 발견되었다.

▲ 신문사에 다니던 시절의 채만식(왼쪽)

평안 남도 성천에서 태어나 대한제국 육군 보병 부교가 되었다. 1907년 일본이 강제로 한일 신협약을 체결하고 그 후속 조치로 군대를 해산하자, 이진룡 의병대의 부장이 되어 평안도·함경도 일대에서 무장 투쟁을 전개했다.

1908년 황해도 안평 순사 주재소와 수안 헌병 분견소를 습격했으며, 1910년에는 함경 남도 안변에 있는 마전동 순사 주재소와 황해도 선암 헌병 파견대를 습격했다. 그 해 6월에는 의병 85명을 이끌고 강원도 남산역·고산역 헌병 분견소를 공격했다.

국권 침탈 후에도 의병장으로서 부하 300~400명을 거느리고 경기도·강원도·황해도·평안도·함경도 등지에서 일본군과 무장 투쟁을 계속했다.

1911년 김진묵 의병대의 부장이 되어 각 지역에서 일본군과 전투를 계속했다. 1913년 6월에는 황해도의 대동리 헌병 파견소를 공격하는 등 여러 차례 일본 헌병들과 전투를 벌였다.

1915년 7월 평안 남도 성천군 영천면 일대에서 항일 유격전을 벌이던 중 일본 경찰에게 붙잡혔다. 그 해 9월 평양 복심 법원에서 사형을 선고 받고, 10월에 평양 형무소에서 순국했다. 1962년 건국 훈장 독립장을 받았다.

▲ 일본 경찰에 붙잡힌 채응언

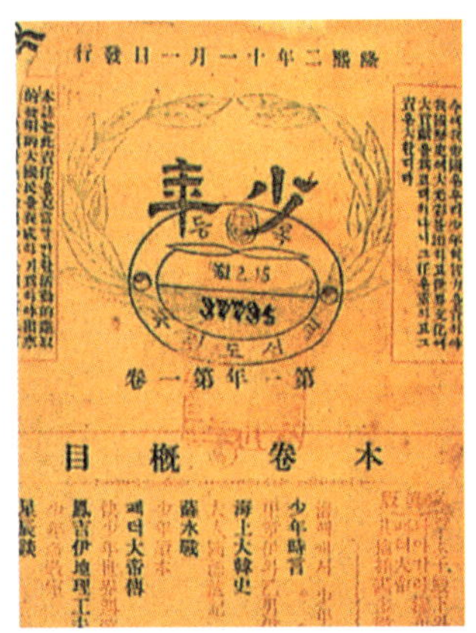

▲ 월간 잡지 〈소년〉의 표지

자는 공륙이고, 호는 육당이다. 1906년 일본 와세다 대학에 들어갔으나 3개월 만에 그만두고 귀국했다. 그 뒤 신문관을 설립하여 1908년 우리 나라 근대적 종합 잡지의 효시가 된 〈소년〉을 발행하고, 창간호에 우리 나라 최초의 신체시 〈해에게서 소년에게〉를 발표하는 등 신문학 운동 선구자의 한 사람이 되었다. 신체시는 우리 나라 신문학 운동 초기에 나타난 새로운 시 형식으로 현대시의 출발점이 되었다. 또한 1914년 월간 종합지 〈청춘〉을 발간하여 문학 발전에 크게 이바지했다.

1919년 3·1 운동 때는 〈독립 선언문〉을 기초하여 2년 6개월 형을 선고 받고 옥살이를 하다가 1920년 가석방되었다. 역사 연구에도 힘을 기울였고, 1922년 주간지 〈동명〉을 펴냈으며, 1924년 〈시대일보〉를 창간했다. 1928년 조선 총독부 조선사 편수회의 일을 맡고, 1943년 학병 지원 연설을 하는 등 친일 행위에 가담해 8·15 광복 후 반민족 행위자로 기소되었다. 저서에 창작 시조집 〈백팔번뇌〉, 시조집 〈시조유취〉, 역사서 〈조선역사〉, 〈조선독립운동사〉 등이 있다.

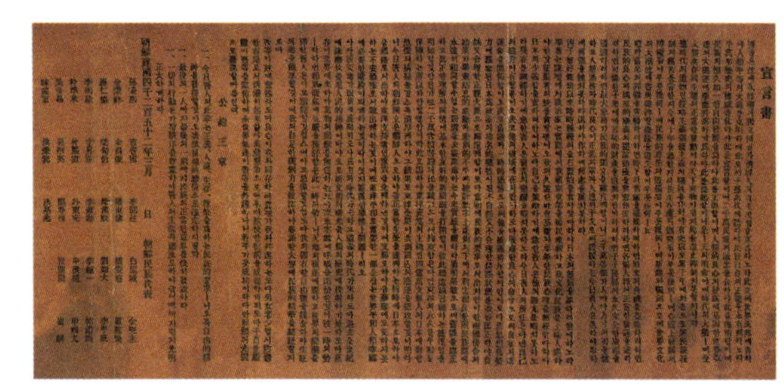

▲ 최남선이 초안을 작성한 〈독립 선언문〉

▲ 최만리가 올렸던 한글 창제 반대 상소문

자는 자명이고, 호는 강호산인이다. 고려 시대 해동 공자로 불리던 최충의 12대손이며, 최하의 아들이다.

1419년(세종 1) 증광 문과에 급제, 홍문관에 들어가 다음 해에 집현전 박사가 되었다. 1427년 문과 중시에 급제했고, 집현전 직제학·부제학·강원도 관찰사 등을 지냈다.

20년 이상 집현전에서 일하면서 오례 등 옛 제도 연구에 힘썼고, 〈자치통감훈의〉, 〈정관정요주〉 등의 편찬에 참여했다. 또 흥천사의 사리각 중수 반대 등 불교를 배척하는 상소를 14차례 올려 유교 이념을 실현하려고 했다.

1443년 세종과 최항·박팽년·신숙주·성삼문 등 집현전 소장 학자들이 훈민정음을 만들자, 다음 해 신석조·정창손 등 중진 학자들과 함께 이에 반대하는 상소를 올렸다. 그는 중국과 다른 문자를 만드는 것은 오랑캐가 되는 것이나 다름없고, 이두는 한자를 배우는 데 도움이 되지만 훈민정음은 도움이 되지 않는다는 점 등 6가지 이유를 들어 반대하여 세종의 노여움을 샀다.

또한 환관이 사모를 착용하는 것은 옛 제도에 어긋난다고 하여 환관의 사모 착용을 금지하기도 했다. 조선 시대의 청백리로 꼽히는 인물이다.

교과서 살펴보기

생활의 길잡이 4-2
5. 내 나라 내 조국

사회 6-1
1. 우리 민족과 국가의 성립
② 민족을 다시 통일한 고려

우리 나라에서 처음으로 화약과 화약을 이용한 무기를 만든 발명가이다. 고려 말기에 조정 관리들의 봉급을 나누어 주는 광흥창에서 일하는 최동순의 아들로 태어났다.

당시 고려 해안에는 왜구가 자주 출몰하여 약탈을 일삼고 있었다. 그 때 중국의 원나라와 명나라에서는 이미 강력한 파괴력을 지닌 화약이 만들어져 사용되고 있었으며, 우리 나라에도 이미 화약과 화포가 전래되어 있었다. 평소 병법에 밝았던 최무선은 화약을 사용한 강력한 무기를 이용하여 왜구를 물리치는 것이 가장 좋은 방법이라고 생각했다. 그러나 중국에서 화약의 제조 방법을 비밀에 부쳤기 때문에 고려에는 화약을 만들 수 있는 사람이 없었다. 이에 최무선은 화약의 제조법을 알아 내기 위해 각지를 돌아다니며 화약의 원료가 되는 광물을 조사하는 등 연구를 거듭했다. 화약을 전투에 이용하기 위해서는 다량으로 제조해야 했던 것이다. 하지만 별다른 성과를 얻지 못했다.

최무선은 중국 상인들이 자주 왕래하는 무역항인 벽란도에 가서 중국에서 온 상인들에게 화약 제조 방법을 묻던 중, 이원이라는 중국 상인으로부터 화약 제조법을 알아 내기에 이르렀다. 최무선이 원나라에 직접 가서 화약 제조법을 배워 왔다는 설도 있으나, 어쨌든 그는 많은 노력 끝에 화약 만드는 방법을 알아 내는 데 성공했다.

화약 제조법을 알아 낸 최무선은 화약과 화통(화약의 힘으로 화살이나 탄알을 내쏘는 무기)을 만드는 일을 맡아 볼 관청을 설치할 것을 여러 차례 조정에 건의했다. 마침내 1377년(우왕 3) 화통도감이 설치되었고, 최무선은 그 곳에서 일하게 되었다. 이후 최무선은 화약을 제조하는 한편, 대장군·이장군·삼장군·육화석포·화포·신포·화통 등의 총포와 화전·철령전·피령전 등의 발사물, 그리고 철탄자·천산오룡전·유화·주화 등 갖가지 화약을 이용하는 무기와 이런 무기들을 실을 수 있는 전선을 만들었다.

1380년 왜선 500여 척이 진포(지금의 전북 군산, 또는 충남 서천)에 침입하자, 최무선은 부원수가 되어 도원수 심덕부 등과 함께 전선을 이끌고 가서 처음으로 화통과 화포 등을 이용하여 왜선을 물리쳤다. 이후 왜구의 침입은 눈에 띄게 줄어들었다.

1383년에는 남해의 관음포에 침입한 왜구를 물리쳤다. 1389년(창왕 1) 화통도감이 철폐된 뒤 〈화약수련법〉, 〈화포법〉 등의 책을 썼는데, 오늘날 전하지는 않는다. 1392년 조선 개국 뒤에는 정헌대부 등을 지냈다. 조선 태종 대에 그의 기술을 이어받은 아들 최해산이 등용되어 화약 무기를 제조하는 일을 맡았다.

▲ 신기전을 발사하는 광경
신기전은 고려 말 최무선이 만든 로켓형 화기인 주화를 개량하여 조선 세종 때 만든 것으로, 세계에서 가장 오래 된 로켓 병기로 알려져 있다.

서구식 현대적 기법의 춤을 창작·공연한 최초의 인물로, 8·15 광복 이전의 한국 무용계를 주도한 무용가이다.

큰오빠 승일과 함께 이시이 바쿠의 무용 〈수인〉을 보고 감명 받아 무용에 입문하기로 결심, 이시이 바쿠와 함께 도쿄로 떠났다. 1929년 귀국하여 서울 적선동에 최승희 무용 연구소를 차리고 1930년 2월 경성 공회당에서 제1회 신작 발표회를 가졌다. 이 공연은 한국인 최초의 독자적인 춤 공연이었다는 데 역사적 의의가 있다.

그러나 경성은 창작 여건이 어려워 1933년 일본의 이시이 바쿠에게 돌아갔다. 이듬해 일본 청년 회관에서 그녀의 첫 무용 발표회가 열렸다. 그 때 선보인 〈거친 들판에 가다〉, 〈칼춤〉, 〈승무〉 등은 조선의 정취를 담았다는 찬사를 받았다. 이 공연의 성공으로 그녀는 광고와 영화에 출연했으며, 세계 순회 공연에 나섰다.

그 후 최승희는 국제적인 현대 무용가로 발돋움했다. 그녀는 해외 공연을 할 때 자신을 언제나 '코리언 댄서'라고 소개했다. 한국을 식민지로 만든 일본의 댄서로 오해받기 싫다는 강한 의지의 표현이었다.

해방 후 최승희는 일본 총독부의 요구로 일본군 위문 공연을 한 것이 친일 경력으로 평가되어 활동이 어려워지자, 1947년 남편 안막을 따라 월북했다.

호는 해월, 어릴 적 이름은 경상이다. 1863년 초대 교주 최제우에 이어 제2대 교수가 된 최시형은 1864년(고종 1) 정부의 탄압으로 최제우가 처형되자 태백산에 은신했다.

관헌의 감시를 피해 안동·울진 등에서 포교에 힘썼다. 쫓겨다니는 생활 속에서도 〈동경대전〉, 〈용담유사〉 등 주요 경전을 발간, 교의를 체계화했다.

1894년 고부 접주 전봉준이 주도한 동학 농민 운동에 북접 산하 동학도를 궐기시켜 호응했다. 같은 해 9월 전봉준이 일본군 상륙과 정부의 요구 조건 불이행을 이유로 다시 궐기하자, 북접 각지의 접주들에게 총궐기를 명했으며, 직접 병력을 인솔하고 논산에서 남접군과 합세했다.

관군·일본군과의 공주 싸움에서 참패하고 또 장수 등지에서 계속 져서 피신했다가 1898년 원주에서 체포되어 서울로 압송, 처형되었다. 사형을 받기 전 최시형은 "내가 죽은 후 10년 안에 주문 읽는 소리가 온 장안을 진동하리라."는 유언을 남겼다. 그의 말대로 동학은 그 후에 세력을 더욱 떨쳐 3·1 운동의 주도 세력 중 하나로 성장했다. 1907년 고종의 특명으로 신원되었다.

▲ 동학 농민 운동 때 사용됐던 대포

교과서 살펴보기

사회 6-1
1. 우리 민족과 국가의 성립
③ 유교를 정치의 근본으로 삼은 조선

도덕 2
2. 바람직한 국가 · 민족 생활
③ 올바른 애국 · 애족의 자세

자는 백수 · 여화이고, 호는 임곡이다. 어려서부터 힘이 세고 활을 잘 쏘았다고 한다. 음서로 관직에 올라 1396년(태조 5) 왜구를 물리치는 등 아버지를 따라 여러 차례 공을 세워 부사직이 되었다.

그 뒤 낭장을 거쳐 대호군 등이 되었으며, 1410년 무과에 급제하여 상호군, 중군도총제 등을 지냈다.

1419년(세종 1) 의정부 참찬으로 삼군 도통사가 되어, 이종무 등과 함께 쓰시마 섬을 정벌했다. 1428년에는 병조 판서에 올랐고, 1433년 여진족이 함길도(함경도)에 침입하자 평안도 도절제사가 되어, 황해도 · 평안도의 군사 1만 5,000여 명을 이끌고 가서 여진족을 정벌했다. 그 공으로 우의정에 올랐다. 그 뒤 압록강 상류에 여연 · 자성 · 무창 · 우예 등 4군을 설치했다.

이 때 그는 무관이 재상이 되는 것은 옳지 않음으로 무관직만 맡게 해 달라고 임금에게 글을 올려 간청했으나 받아들여지지 않았다. 1435년 좌의정에 올랐고, 1436년에는 중추원 영사에 임명되었다.

성품이 따뜻해 직접 땅에 농사를 짓기도 했다.

통천 상렬사와 안주 청천사에 제향되었다. 시호는 정렬이다.

교과서 살펴보기

사회 6-1
2. 근대 사회로 가는 길
② 외세의 침략과 우리 민족의 대응

사회과 탐구 6-1
3. 대한민국의 발전
① 나라를 되찾기 위한 노력

자는 찬겸, 호는 면암이다. 6세부터 글을 배우기 시작하여 14세에 이항로의 제자가 되었다. 명성 황후의 측근들과 힘을 합쳐 대원군의 실정 사례를 낱낱이 열거, 왕의 친정과 대원군의 퇴출을 노골적으로 주장하여 대원군이 물러나게 되는 결정적 계기를 만들었다.

1905년 을사조약이 체결되자 〈창의토적소〉를 올려 의거의 심경을 토로하고, 8도 사민에게 포고문을 내어 항일 투쟁을 호소하며 납세 거부, 철도 이용 안 하기, 일체의 일본 상품 불매 운동 등 항일 운동의 전개를 촉구했다.

1906년 74세의 고령으로 임병찬 등 80여 명과 함께 전북 태인에서 의병을 모집, 〈기일본정부〉라는 일본의 배신 16조목을 따지는 '의거소략' 을 배포한 뒤, 순창에서 약 400명의 의병을 이끌고 관군 · 일본군에 대항하여 싸우다 체포되어 쓰시마 섬에 유배되었다.

유배지에서 지급되는 음식물을 적이 주는 것이라 하여 거절, 임병찬에게 유언을 받아 쓰게 한 뒤 굶어 죽었다. 문집에 〈면암집〉이 있다.

▲ 의병들이 사용하던 나침반

호는 수운 · 수운재, 어릴 적 이름은 복술 · 제선이다. 경상 북도 경주의 가정리에서 태어났다. 1857년 천성산 적멸굴에서 49일간 기도했으며, 1859년 다시 경주 용담정에서 수도한 끝에 기독교와 유교 · 불교 · 도교의 장점을 융합하여 '인내천'의 교리를 완성하고 동학을 창시했다.

하늘과 인간을 세상의 근원으로 삼고 포교를 시작하여 농민 · 천민 · 유생에 이르는 광범한 계층에 동학을 전파했다.

1862년 도수사 · 권학가를 짓고 동학론을 집필하며 포교에 힘썼다. 각 지방에 접소를 설치하고 접주를 두어 관내의 교도를 관장하게 했는데, 1863년에는 교인 3천여 명, 접소 14곳에 이르렀다.

1864년(고종 1) 각 접소를 순회하다가 용담정에서 동학을 사학으로 단정한 정부에 의해 체포되어, 대구 감영에서 사형당했다. 1907년(융희 1) 신원되었다. 저서에 〈용담유사〉, 〈동경대전〉 등이 있다.

▲ 동학 혁명 모의탑

교과서 살펴보기

사회 5-2
3. 우리 겨레의 생활 문화
② 민속을 통해 본 조상들의 삶

사회과 탐구 6-1
2. 근대 사회로 가는 길
① 새로운 사회로의 움직임

▲ 최충이 비문을 지은 봉선 홍경사 사적 갈비. 현존하는 석비 중 가장 완전하고 아름다운 석비이다.

교과서 살펴보기

사회 6-1
1. 우리 민족과 국가의 성립
② 민족을 다시 통일한 고려

자는 호연, 호는 성재 · 월포 · 방회재이다.

1033년(덕종 2) 우산기상시 등을 지내고 1037년(정종 3) 〈현종실록〉 편찬에 참여했다. 1041년 서북로 병마판사로 나가 영원 · 평로에 진을 치고, 평안도의 천리장성을 쌓는 일에 참여했다.

1047년(문종 1) 문하시중에 올라 법률관들에게 율령을 가르쳐 고려 형법의 기틀을 마련하기도 했다. 평생 나라를 위해 일하다가 나이가 많다고 사직을 상주하자 이를 만류하는 조서가 내려지고 추충찬도협모동덕치리 공신의 호와 개부의동삼사 수태사 겸 문하시중 상주국치사라는 훈작이 내려졌다.

벼슬에서 물러나 송악산 아래에 작은 글방을 열자, 젊은이들이 모여들어 훌륭한 인재가 많이 배출되었다. 그러자 9개의 글방을 따로 짓고 학생들을 가르쳐, 이 곳을 '9재 학당' 또는 최충의 시호를 따서 '문헌공도'라 불렀다.

이는 우리 나라 사학의 시초로서, 12공도 중의 하나이다. 또한 문장과 글씨에 능하여 해동의 공자로 추앙받았다.

해주 문헌 서원에 제향되었다. 글씨로는 〈귀법사 제영 석각〉(개성), 〈거돈사 원공국사 승묘탑비〉(원주), 〈홍경사 개창비〉(직산) 등이 남아 있고, 저서로는 〈최문헌공 유고〉가 있다.

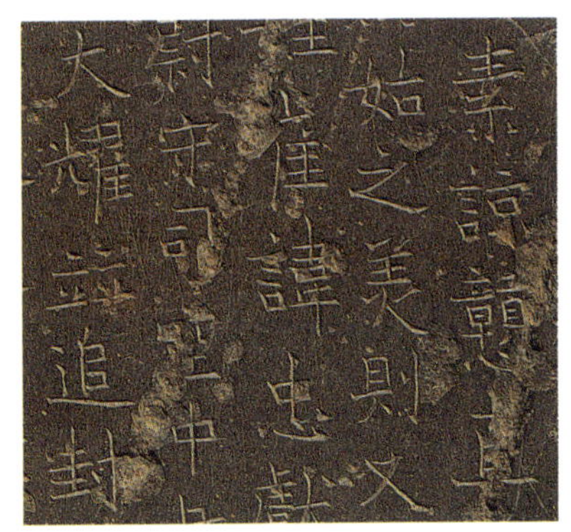

▲ 최씨 무신 정권을 이룬 최충헌 묘의 비문

초명은 난이고, 시호는 경성이다. 1174년(명종 4) 조위총의 난을 토벌하여 별초 도령에 올랐다. 별초는 공격 부대 중에서도 최정예 부대였다.

1196년(명종 26) 동생 충수와 함께 당시의 실력자 이의민을 살해하고 정권을 장악했다. 집권 후 정치의 폐단을 개혁하자는 '봉사 십조'를 왕에게 올렸으며, 왕의 측근 50여 명을 몰아 내 정권의 기반을 다졌다. 다음 해 봉사 십조를 이행하지 않는 명종을 폐하고 신종을 왕위에 앉혀 최씨 무신 정권의 기반을 확고히 했다.

1198년(신종 1) 만적의 난을 진압했다. 1204년 신종을 폐하고 희종을 왕위에 앉혔으며, 1207년 조카 박진재가 정권을 장악하려 하자 그를 제거했다.

한편 그는 교정도감을 설치하여 정권의 반대 세력을 제거하는 데 이용했는데, 그것은 후에 국정을 총괄하는 최고의 정치 기구가 되었다. 교정도감의 으뜸 벼슬인 교정별감은 무신 정권의 최고 집권자가 겸임했다.

1211년에는 희종을 폐하고 강종을 세웠으며, 2년 뒤 강종이 죽자 고종을 즉위시켰다. 그 뒤 자신을 암살하려는 흥왕사 승려들의 음모를 적발하여 800여 명의 승려를 처형하기도 했다. 그런 한편 민중의 움직임에 신속하게 대응해 국가의 통치력을 회복하려 했으며, 이규보 등을 등용하여 학문의 진흥을 꾀하는 등 치적을 쌓기도 했다.

경주 최씨의 시조로 자는 고운·해운이다. 최치원은 869년(경문왕 9) 13세의 어린 나이에 당나라로 건너갔다. 874년 과거에 급제, 당나라의 벼슬길에 올라 승승장구했다. 879년(헌강왕 5) 황소의 난 때는 고변의 종사관으로서 황소를 규탄하는 〈토황소격문〉을 지어 문장가로서 이름을 떨쳤다.

885년 귀국, 시독 겸 한림 학사가 되었다. 당시 신라는 정치가 어지럽고, 그에 따라 사회도 혼란스러웠다. 그래서 최치원은 894년 이를 해결하기 위해 시무책 10여 조를 진성 여왕에게 올렸다. 이것이 받아들여지지 않자 신라 사회에서는 자신의 이상을 실현하기 어렵다고 생각해 관직을 내놓고 난세를 비관하고, 각지를 유랑하다가 가야산 해인사에서 일생을 마쳤다.

신라 최고의 문장가로 당나라에까지 이름을 떨쳤으며, 우리 나라 한문학의 시조로 일컬어진다. 글씨를 잘 썼으며 〈난랑비서문〉은 신라 시대의 화랑도를 말해 주는 귀중한 자료이다.

저서에 〈계원필경〉, 〈중산복궤집〉 등이 있다.

▲ 최치원의 영정이 모셔진 학남 서원

호는 외솔이며, 경남 울산에서 태어났다. 서울에 올라와 경성 고보 재학 중 1910년부터 3년간 주시경의 조선어 강습원에서 한글과 문법을 배웠다. 1919년 일본으로 건너가 히로시마 고등 사범학교를 졸업하고 중등학교 교원 자격증을 받았다.

1920년 사립 동래 고등 보통학교 교사가 되었다가 1922년 일본으로 가서 히로시마 고등 사범학교 연구과에서 다시 수학, 이어서 교토 제국 대학 문학부 철학과에서 교육학을 공부하고, 1925년 동 대학원에서 1년간 공부했다. 1926년 귀국, 연희 전문 교수가 되었으나, 1938년 흥업 구락부 사건으로 강제로 사직당했다.

그 동안 이화 여자 전문 교수도 겸직했는데 실직한 동안 한글 연구의 완성을 위해 〈한글갈〉을 발간했고, 1941년 연희 전문에 복직, 도서관에서 근무했다. 조선어 학회 창립에 참여하고 1929년 조선어 사전 편찬 위원회 준비 위원이 되었으며, 1933년 '한글 맞춤법 통일안' 제정에 참여하는 등 활발한 활동을 전개했다.

1942년 일제가 우리말을 말살시키기 위해 국문학자들을 잡아들인 조선어 학회 사건으로 3년간 복역했다. 8·15 광복 후 미군정청 문교부 편수 국장에 취임하여 교과서 행정을 담당했다. 주요 저서에 〈우리말본〉, 〈글자의 혁명〉, 〈나라 사랑의 길〉 등이 있다.

▲ 서울 남산 근처에 있는 최현배 기념비

교과서 살펴보기

사회과 탐구 6-1
3. 대한민국의 발전
① 나라를 되찾기 위한 노력

중학 도덕 2
2. 바람직한 국가·민족 생활
③ 올바른 애국·애족의 자세

▲ 태조의 영정을 모신 경기전

조선 제3대 왕(재위 1401~1418). 자는 유덕, 휘는 방원이며, 대조의 다섯째 아들이다. 정종의 양위를 받아 즉위했다.

왕위에 오르자 사사로이 병사를 기르는 것을 없애 왕권에 도전하는 세력들의 뿌리를 잘라 버렸다. 그리고 억불 숭유 정책을 강화하여 전국의 많은 사찰을 폐쇄한 후, 그 사찰에 소속되었던 토지·노비를 몰수했다.

한편 호패법을 실시하여 양반·관리에서 농민에 이르기까지 16세 이상의 모든 남자가 이를 소지하게 함으로써 인적 자원을 정확하게 파악하도록 했다. 개가한 자의 자손은 등용을 금지하여 적서의 차별을 강요했다.

▲ 조선 시대 호패

또 주자소를 세워 동활자인 계미자를 만들었으며, 하륜 등에게 〈동국사략〉, 〈고려사〉 등을 편찬하게 했다.

1402년 백성들의 억울한 사정을 풀어 주기 위해 신문고를 설치했다.

1404년 송도에서 한성으로 천도했으며, 1418년 세자(세종)에게 왕위를 물려주고 상왕으로 정사를 감독했다.

▲ 태종의 옥책

교과서 살펴보기

사회과 탐구 4-2
1. 문화재와 박물관
① 옛 도읍지와 문화재

사회과 탐구 6-1
1. 우리 민족과 국가의 성립
③ 유교를 정치의 근본으로 삼은 조선

교과서 살펴보기

사회 6-1
3. 대한민국의 발전
① 나라를 되찾기 위한 노력

중학 국어 3-1
4. 읽기와 토의
① 지사의 길, 시인의 길

호는 만해, 세속에서의 이름은 유천, 자는 정옥이며, 용운은 법명이다.

어린 시절 서당에서 한학을 배웠다. 유년 시절은 대원군의 집정과 외세의 침략 등으로 나라 안팎이 어수선한 시기였다. 그 불행한 시대적 배경과 사회적 여건은 결국 그를 독립 운동가로 성장시킨 요인이 되었다고 볼 수 있다.

1895년경 온 집안이 동학 농민 운동에 가담하여 일본군과 싸우다가 아버지와 형이 목숨을 잃었다. 그로 인해 마음의 상처를 얻은 한용운은 1896년(건양 1) 설악산 오세암에 들어 갔다가, 1905년(광무 9) 인제의 백담사에 가서 연곡을 스승으로 승려가 되고 만화에게서 법을 받았다.

1908년(융희 2) 전국 사찰 대표 52인의 한 사람으로 원흥사에서 원종 종무원을 설립한 후 일본에 가서 신문명을 시찰했다. 1910년 국권을 빼앗기자 중국에 가서 독립군 군관학교를 방문, 이를 격려하고 만주·시베리아 등지를 방랑하다가 1913년 귀국, 불교 학원에서 교편을 잡았다. 이 해 범어사에

▲ 한용운의 글씨

들어가 〈불교대전〉을 저술했는데, 종래의 무능한 불교를 개혁하고 불교의 현실 참여를 주장했다.

1918년 서울 계동에서 월간지 〈유심〉을 발간했고, 1919년 3·1 운동 때 민족 대표 33인의 한 사람으로서 독립 선언서에 서명했다가 체포되어 3년 형을 선고 받고 복역했다. 1926년 시집 〈님의 침묵〉을 출판, 일제에 대한 저항의 목소리를 드높였다.

이듬해 '신간회'에 가입하여 중앙 집행 위원이 되어 경성 지회장의 일을 맡았다. 1931년 조선 불교 청년회를 조선 불교 청년 동맹으로 개칭, 불교를 통한 청년 운동을 강화하고, 이 해 월간지 〈불교〉를 인수, 이후 많은 논문을 발표하여 불교의 대중화와 독립 사상 고취에 힘썼다.

한용운 문학의 특징은 불교 사상과 독립 사상이 탁월하게 예술적으로 결합된 데서 드러난다. 자유와 평등 사상, 민족 사상과 민중 사상으로 요약되는 불교적 세계관과 독립 사상은 한용운 문학의 뼈대이자 피와 살이라고 할 수 있기 때문이다.

말하자면 그의 문학은 불교 사상과 독립 사상, 문학 사상이 삼위일체를 이룬다는 점이 특징이라는 뜻이다. 그의 일관된 일제에 대한 저항과 투쟁 정신은 그대로 시를 통한 부정적 세계관으로 상징화된다. 이별이 더 큰 만남을 성취하기 위한 방법적 원리였던 것과 같이 부정은 참다운 긍정과 생성을 이룩하기 위하여 필수불가결한 전제 조건이었던 것이다. 바로 이 점에서 저항시로서의 만해 시의 참된 면모가 드러난다.

  1935년 중국의 신해혁명을 다룬 첫 장편 소설 〈흑풍〉을 〈조선일보〉에 연재했고, 1937년 불교 관계 항일 단체인 만당 사건의 배후자로 검거되었다. 그 후에도 불교의 혁신과 작품활동을 계속하다가 서울 성북동에서 중풍으로 죽었다.

  남달리 항일 의식이 투철했던 한용운은 "왜놈이 지배하는 나라에서 호적 같은 것은 필요 없다."며 평생을 호적 없이 살았다.

  작품으로는 〈흑풍〉 외에 장편 소설인 〈박명〉이 있고, 저서로는 시집 〈님의 침묵〉을 비롯하여 〈조선불교유신론〉, 〈십현담주해〉, 〈불교대전〉 등이 있다.

님의 침묵

님은 갔습니다. 아아 사랑하는 나의 님은 갔습니다.

푸른 산빛을 깨치고 단풍나무 숲을 향하여 난 작은 길을 걸어서 차마 떨치고 갔습니다.

황금의 꽃같이 굳고 빛나던 옛 맹세는 차디찬 티끌이 되어서 한숨의 미풍에 날아갔습니다.

날카로운 첫 키스의 추억은 나의 운명의 지침을 돌려 놓고 뒷걸음쳐서 사라졌습니다.

나는 향기로운 님의 말소리에 귀먹고 꽃다운 님의 얼굴에 눈멀었습니다.

사랑도 사람의 일이라 만날 때에 미리 떠날 것을 염려하고 경계하지 아니한 것은

아니지만, 이별은 뜻밖의 일이 되고 놀란 가슴은 새로운 슬픔에 터집니다.

그러나 이별을 쓸데없는 눈물의 원천을 만들고 마는 것은 스스로 사랑을 깨치는 것인 줄

아는 까닭에, 걷잡을 수 없는 슬픔의 힘을 옮겨서 새 희망의 정수박이에 들어부었습니다.

우리는 만날 때에 떠날 것을 염려하는 것과 같이 떠날 때에 다시 만날 것을 믿습니다.

아아, 님은 갔지마는 나는 님을 보내지 아니하였습니다.

제 곡조를 못 이기는 사랑의 노래는 님의 침묵을 휩싸고 돕니다.

▲ 충청 남도 홍성에 있는 한용운 생가

▲ 만해제 때마다 생가에 있는 만해사에서는 고유제가 열린다.

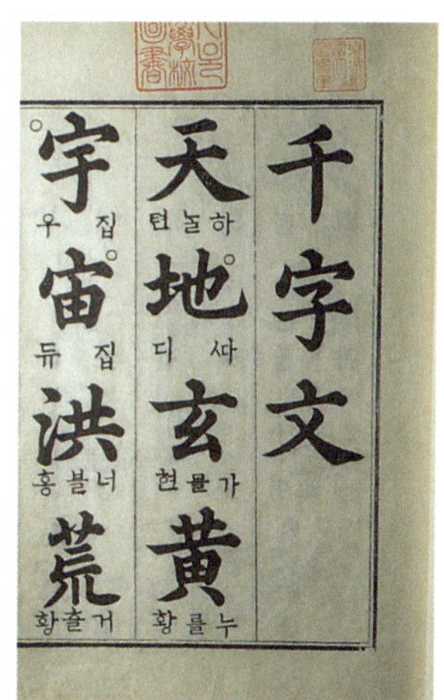
▲ 한호가 쓴 〈천자문〉

자는 경홍, 호는 석봉·청사이다. 어린 시절 집안은 매우 가난했지만, 아들만은 어떤 일이 있어도 훌륭하게 키우겠다는 어머니의 지극한 정성 덕택에 종이가 없어 모래밭에 앉아 글씨 연습을 하는 어려움을 겪어 내며 훌륭한 서예가가 되었다. 특히 불을 끄고 앉아 어머니와 한호가 떡 썰기와 글씨를 써 비교했다는 이야기는 두고두고 전해진다.

후기의 추사 김정희와 함께 조선의 2대 명필로 손꼽히는데, 왕희지·안진경의 필법을 익혀 해·행·초 등 각 서체에 모두 뛰어났다.

명나라에 가는 사신을 수행하거나 외국 사신을 맞을 때 연석에 나가 탁월한 글씨를 써서 명성을 떨쳤다. 한호의 글씨를 본 명나라 문장가인 왕세정은, "성난 사자가 돌을 헤치는 것 같고, 목마른 천리마가 물로 달려가는 것 같다."고 그의 글씨를 칭찬했다.

진본은 전해지지 않으나 〈석봉서법〉, 〈석봉천자문〉 등이 모간되었고, 그가 쓴 비문은 많이 남아 있다.

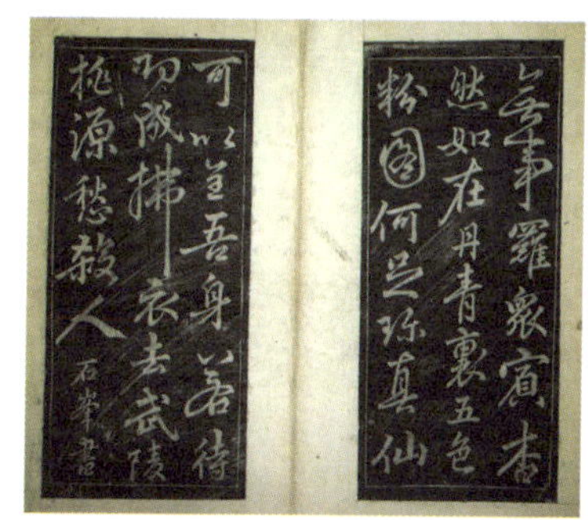
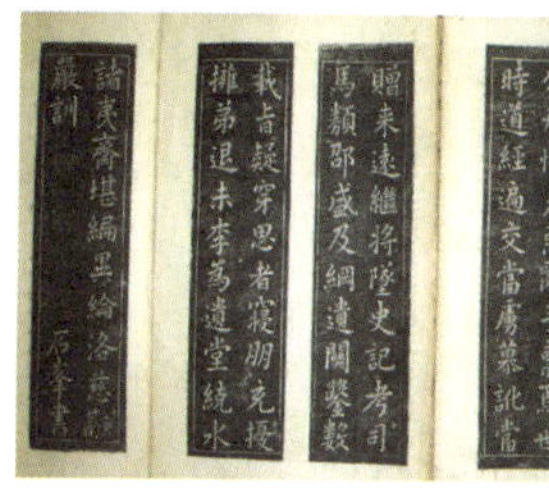

▲ 한호의 글씨

▲ 중국 지린 성에 있는 오녀산성

신화 속 인물이다. 해모수 이야기는 따로 독립되어 전해지는 것이 아니라 고구려의 건국 신화 부분에서 해부루·금와·주몽 등과 관련하여 전해지고 있다. 〈삼국사기〉에 따르면 해모수는 천제의 아들로서 고구려를 세운 주몽의 아버지라고 한다.

기원전 58년 오룡거를 타고 지상에 내려와 흘승골성(지금의 오녀산성)에 도읍을 정했다. 그는 해부루를 내쫓고 왕이 되어 나라 이름을 북부여라고 했다. 하루는 웅심산(지금의 장백산) 근처로 사냥을 갔다가 하백의 맏딸 유화를 만나 결혼했다.

그러나 자신의 딸을 버릴까 염려한 하백이 불손한 행동을 보이자 홀로 하늘로 올라가 버렸다. 그 뒤 유화는 주몽을 낳았다고 한다.

한편 〈삼국유사〉에 따르면 해모수가 바로 천제로서 흘승골성에 내려와 북부여를 세우고 해부루를 낳았다고 한다.

또 광개토 대왕릉비나 〈위서〉와 같이 고구려 건국 신화를 전하는 가장 오랜 기록에는 해모수가 등장하지 않는다. 고구려와 부여의 건국 신화는 전승에 따라 중복되거나 불분명한 부분이 많다.

따라서 학자들은 대개 부여에서 갈려 나온 고구려인이 부여의 설화를 빌려 와 자신들의 건국 설화를 꾸몄다고 보고 있다.

허난설헌 (1563~1589)　사회의 모순과 가정의 참화를 시로 승화시킨 여류 시인

강릉에서 태어났다. 본명은 초희이다. 학문과 문장에 뛰어난 당대 문장가 허엽의 딸이며, 〈홍길동전〉을 지은 허균의 누나이다. 대대로 유명한 학자를 배출한 가문에서 성장하면서 어릴 때 오빠와 동생의 틈에서 어깨 너머로 글을 배웠다. 아름다운 용모에 재주가 많아 8세에 〈광한전백옥루상량문〉이라는 시를 지어 신동이라는 말을 들었다.

15세 무렵 김성립과 결혼했다. 급제하여 관직에 나간 남편은 가정에 정을 붙이지 못하고 밖으로 나돌았다. 시어머니의 학대와 질시가 심했으며, 어린 두 남매까지 잃었다. 게다가 친정 오빠와 동생이 귀양을 가는 등 고단한 삶을 살았다. 이러한 개인적인 불운과 봉건 사회의 모순을 시로 승화시켰다.

여성의 섬세한 필치와 개인의 독특한 감상으로 특유의 시 세계를 이룩한 그녀는 모두 213수의 시를 남겼다. 대표적인 시로 〈유선시〉, 〈빈녀음〉, 〈곡자〉, 〈망선요〉 등이 있고, 가사에 〈원부사〉, 〈봉선화가〉 등이 있다.

허균이 작품 일부를 명나라 시인 주지번에게 주어 중국에서 〈난설헌집〉이 간행되었다. 우리 나라에서는 1608년 〈난설헌집〉 초판본이 나왔다.

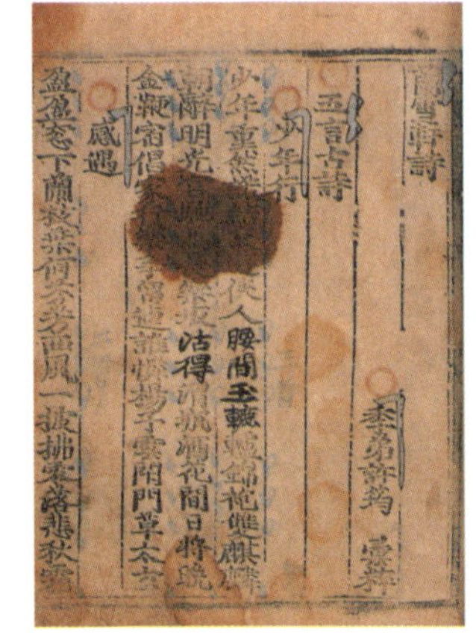

▲ 〈난설헌집〉

현덕 (1909~?)　'노마' 연작 동화로 유명한 월북 작가

1909년 서울에서 태어났다. 본명은 현경윤이다. 1925년 제일 고등 보봉학교에 들어갔으나 집안 형편이 어려워 1년 만에 중퇴했다.

일본으로 건너가 신문 배달 등 막노동을 하기도 했다. 1932년 〈동아일보〉 신춘문예에 동화 〈고무신〉이 가작 입선했다. 그 후 소설가 김유정을 만나면서 문학에 심취했다.

1938년 〈조선일보〉 신춘문예에 소설 〈남생이〉가 당선되었다. 이 때부터 2년 여 동안 8편의 단편 소설과 노마라는 꼬마를 주인공으로 한 40여 편의 연작 동화, 10여 편의 소년 소설을 썼다. 그는 악에 물들지 않은 아이들의 언어를 통해 일제 치하의 고단한 삶의 문제를 극복하려고 했다. 당시 발표된 그의 동화들은 〈신소년〉, 〈별나라〉 같은 잡지가 폐간된 어두운 아동 문학계의 명맥을 이어 주었다.

1940년 이후에는 작품 활동을 거의 하지 않았다. 8·15 광복 직후 조선 문학가 동맹 출판 부장으로 일했다. 그 때 그 동안 발표한 작품들을 묶어 소년 소설집 〈집을 나간 소년〉과 동화집 〈포도와 구슬〉, 〈토끼 삼 형제〉, 소설집 〈남생이〉를 펴냈다.

6·25 전쟁 중 월북해 1951년 종군 작가단에 참여했다. 북한에서 소설집 〈수확의 날〉을 펴냈다. 그 밖에 〈너하고 안 놀아〉, 〈고양이〉, 〈나비를 잡는 아버지〉, 〈개구쟁이 노마와 현덕의 동화나라〉 등이 있다.

현진건 (1900~1943)　한국의 사실주의 소설을 개척한 작가

호는 빙허이다. 대구에서 태어났다. 일본에서 독일어를 공부한 뒤 중국 상하이로 가서 후장 대학에 들어갔으나 학교를 중퇴하고 1919년 귀국했다.

1920년 〈개벽〉 지에 단편 〈희생화〉를 발표하여 문단에 나왔으며, 이듬해 〈빈처〉를 발표하여 문단의 주목을 받았다. 1922년 홍사용·박종화 등과 〈백조〉 동인이 되었으며, 이후 〈타락자〉, 〈운수 좋은 날〉 등을 발표했다. 〈운수 좋은 날〉은 그의 대표작으로 김첨지라는 인력거꾼에게 다가온 작은 행운이 결국 아내의 죽음이라는 큰 불행으로 역전되는 내용인데, 사회 의식과 극적인 효과가 잘 어우러진 사실주의 단편의 백미이다.

〈조선일보〉, 〈매일신보〉 등에서 기자로 일했으며, 1936년 〈동아일보〉에서 일할 때 일장기 말소 사건으로 언론계를 떠났다. 그 뒤 닭을 키우며 주로 장편 소설을 썼다. 염상섭과 함께 한국의 사실주의 소설을 개척한 작가로 평가 받고 있으며 김동인과 더불어 한국 근대 단편 소설의 선구자로 불린다. 작품으로는 〈술 권하는 사회〉, 〈B 사감과 러브레터〉 등의 단편과 〈적도〉, 〈무영탑〉 등의 장편, 〈단군성적순례〉 등의 기행문이 있다.

교과서 살펴보기

중학 국어 3-1
6. 한국 현대 문학의 이해
① 한국 현대 문학의 흐름

중학 국어 3-1
6. 한국 현대 문학의 이해
⑤ 운수 좋은 날

▲ 〈무영탑〉과 〈단군성적순례〉 표지

혜초 (704~787)　〈왕오천축국전〉을 쓴 신라의 승려

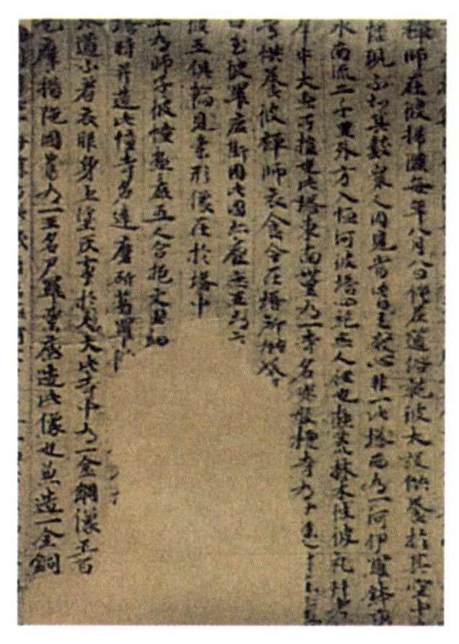

▲ 〈왕오천축국전〉

교과서 살펴보기

사회 6-1
1. 우리 민족과 국가의 성립
① 하나로 뭉친 겨레

중학 국사
3. 통일 신라와 발해
① 통일 신라와 발해의 발전

719년(성덕왕 18) 중국의 광저우에 가서 인도의 승려 금강지에게 밀교를 배웠다. 밀교는 7세기 후반 인도에서 성립된 대승 불교의 한 파이다. 금강지는 제자들을 모아 밀교를 가르쳤는데, 이 때 혜초는 그의 제자가 된 것이다.

혜초는 스승의 권유로 나신국을 경유하여 인도 동해안에 도착, 불교 유적을 순례하고 파미르 고원을 넘어 727년경 당나라 안서 도호부가 있는 쿠차를 여행했다. 733년 당나라 장안 천복사에서 금강지와 함께 〈대승유가금강성해만주실리천비천발대교왕경〉이라는 밀교 경전을 연구했다.

740년(효성왕 5)부터 이 경전의 한역에 착수, 이듬해 금강지의 죽음으로 중단되었으나 금강지의 법통을 이은 불공삼장 6대 제자의 한 사람으로 당나라에서도 이름을 떨쳤으며 우타이 산 건원 보리사에 들어가 여생을 보냈다.

틈틈이 써 나간 인도 기행문인 〈왕오천축국전〉이 1908년에 프랑스의 동양학자 펠리오에 의해 중국 간쑤 성의 둔황에서 발견되었다. 이 책은 혜초가 고대 인도의 5국과 인근의 여러 나라를 10년 동안 순례하고 당나라에 돌아와서 727년(선덕왕 26)에 그 행적을 적은 글이다. 당시 인도 및 서역 각국의 종교와 풍속, 문화 등이 기록되어 있어 고대 동서 교류사 연구에 귀중한 사료가 되고 있다. 현재 파리 국립 박물관에 소장되어 있다.

▲ 홍경래가 관군과 대치했던 평안도의 정주성

평안도 용강의 몰락한 양반 집안에서 태어났으며, 1798년(정조 22) 과거에 실패한 뒤 전국을 유랑하며 지배층의 부패상과 백성들의 비참한 생활을 체험하게 되었다고 알려져 있다. 당시 조선 사회는 탐욕스런 벼슬아치들의 권력 싸움과 백성들에 대한 착취로 도탄에 빠져 있었다. 1801년(순조 1) 홍경래는 박천에서 서자 출신 우군칙을 만나 세상 돌아가는 이야기를 하다 난을 일으킬 계획을 세웠다. 그들은 10년 동안 각지를 돌아다니며 농민과 유랑민들을 모아 농민군을 조직하고 평안도 가산의 다복동을 근거지로 군사 훈련을 했다. 1811년 12월 18일 홍경래 일파는 전격적으로 군사를 일으켰다. 농민군은 가산 관아를 습격하여 군수를 죽이고, 부대를 남북으로 나누어 진격했다. 북진군은 곽산·정주·선천·용천 등을 점령했고, 남진군은 박천을 점령했다. 홍경래는 박천 송림리에 진을 치고 군사를 3진으로 나누어 싸웠으나 관군에게 밀려 패하고 정주성으로 물러났다. 정주성에서 4개월 동안 버티었으나 1812년 4월 19일 화약을 폭파시켜 성을 무너뜨린 관군과 싸우다 총에 맞아 죽었다.

이 때 2,983명이 체포되어 여자와 소년을 제외한 1,917명이 처형되었고, 전사하지 않은 지도자들은 서울로 압송되어 참수되었다. 결국 홍경래의 난은 관군에게 진압되어 실패했지만, 이후 각종 민란의 도화선이 되었다. 또한 조선 왕조의 몰락을 앞당겼고, 빈민과 농민층이 새로운 주도 세력으로 성장하는 데 큰 역할을 했다.

본명은 영후이다. 수원에서 태어나 1915년 조선 정악 전습소를 졸업했다. 1918년 일본 우에노 음악 학교에서 수학한 뒤 1920년 귀국하여 〈봉선화〉의 원곡인 〈애수〉를 작곡했다.

1925년 한국 최초의 음악 잡지 〈음악계〉를 창간했으며, 이듬해 다시 일본으로 가 도쿄 고등 음악 학교에 편입하고 도쿄 교향악단 제1바이올린 연주자가 되었다. 1929년 졸업 후 창작 동요 100곡을 수록한 〈조선 동요 100곡집〉 상권을 발간했다.

1931년 조선 음악가 협회를 결성하고, 미국으로 건너가 셔우드 음악 학교를 졸업하고 1933년 귀국, 이화 여자 전문 학교 강사와 경성 보육 학교 교수를 지냈다.

1936년 경성 방송 관현악단을 조직, 양악 보급에 힘쓰는 한편 평론집 〈음악만필〉 등을 통하여 음악 문화의 계몽·발전에 크게 기여했다. 그러나 일제 강점기인 1919년 3·1 운동 이후 일제가 내세운 '문화 정치'에 대응하여 '서양 음악으로 민족의 힘을 키워야 한다.'는 생각으로 민족 음악 개량 운동을 펼쳤지만, 그의 이런 활동은 1937년 6월 수양 동우회 사건을 겪으면서 중·일 전쟁 이후 친일 음악 운동으로 변질되었다.

우리 나라 근대 음악의 선구자로 많은 업적을 남겼으며, 1941년 병으로 세상을 떠났다. 대표작으로 가곡 〈성불사의 밤〉, 〈옛 동산에 올라〉, 〈금강에 살으리랏다〉 등이 있다.

자는 덕보이고, 호는 담헌 또는 홍지이다. 일찍이 당대의 석학인 김원행에게 주자학을 배웠고, 여러 차례 과거에 낙방했으나 음서로 관직에 진출하여 사헌부 감찰·태인 현감·영주 군수 등을 지냈다.

1765년(영조 41) 서장관이 된 숙부를 따라 청나라에 가서 3개월 동안 베이징에 머물렀다. 이 때 중국인 학자들과 독일인 선교사들을 만나 고증학과 서양 문물을 접했으며, 천문대를 견학하기도 했다. 이는 그의 사상 체계가 큰 변화를 겪는 계기가 되었다. 그의 베이징 방문은 당시 친하게 지내던 박지원·이덕무·박제가 등에게 영향을 주어 이후 북학파가 형성되었다.

그는 주자학자들의 공리공론(실천이 뒤따르지 않는 헛된 이론이나 논의)의 폐단에 따른 나라의 장래를 걱정했다. 그래서 국민 생활 안정과 번영을 추상적인 도덕론이 아닌 상공업의 발달과 기술 혁신을 통해 이룩하자고 하여 북학파의 선구자가 되었다.

그는 실력이 있는 자는 신분에 관계 없이 등용할 것을 주장했으며, 8세 이상의 모든 어린이는 신분 차별 없이 교육을 시켜야 한다는 혁신적인 교육 개혁 사상을 제창했다.

그리고 전국의 토지를 기혼 남자에게 2결씩 나누어 줄 것을 주장했으며, 뽕나무와 삼 재배를 권장하고 저축을 강조했다. 또한 불필요한 관아는 없애고, 없앨 수 없는 관아는 모두 왕 직속의 경에게 소속시켜 명령 계통을 확실히 할 것을 주장했다.

그리고 왕실과 국가의 재정을 단일화할 것을 주장했으며, 100만 병력 보유와 각 지방의 성곽 정비 및 군사 장비를 잘 갖출 것을 강조했다. 이러한 개혁은 균전제와 부병제를 실시하여 농민의 기본적인 생활을 보장하는 한편, 나라 재정의 기반인 세원과 국방의 기반인 인적 자원을 확보하자는 것이었다.

당시 자연 과학은 신분상 특수 계층이 담당하는 낮은 학문으로 취급되고 있었는데, 그는 과학 기술을 '정신의 극치'라고 하며 중요시했다.

그는 특히 천문학에 관심이 많았으며, 지구가 돈다는 지전설을 주장했는데, 그의 지전설은 독창적인 것이라기보다는 중국을 통해 들어온 서양 학설에서 비롯된 것이었다.

한편으로는 〈주해수용〉을 저술하여 일반 산술에서 대수학과 기하학에 이르는 수학 전반을 정리했다. 또 베이징을 왕래하는 사람들에게 부탁해서 과학 관련 서적과 기구를 들여왔는데, 천주교 및 서양 과학의 총서인 〈천학초함〉을 10년에 걸쳐 구입해 읽기도 했다.

▼ 혼천의

뿐만 아니라 자신의 집에 따로 방을 만들어 천체의 운행과 위치를 관측하는 장치인 혼천의와 서양에서 만든 자명종을 연구하기도 했다.

그는 북학파 실학자의 한 사람으로서 조선 후기 과학 사상의 발전에 선구적인 역할을 했다. 저서에 〈담헌설총〉이 있고, 편서에 〈건정필담〉, 〈담헌연기〉, 〈임하경륜〉 등이 있다.

사회 6-1
3. 대한민국의 발전
① 나라를 되찾기 위한 노력

중학 국사
9. 민족의 독립 운동
③ 독립 전쟁의 전개

평안 북도 자성 출생. 어려서 갑산으로 이사하여, 수렵과 광산 노동으로 생계를 유지했다. 겨우 한글을 깨친 정도였지만, 총 솜씨는 대단했다.

1910년 한국이 일제에 의하여 강제 점령되자 소수의 부하를 이끌고 만주로 건너가 독립군 양성에 전력, 다음 해 부하 박영신에게 함북 경원의 수비대를 습격하게 하여 큰 성과를 거두었다.

1919년 3·1 운동이 일어나자 대한 독립군의 총사령이 되어 약 400명의 독립군으로 1개 부대를 편성하여 국내에 잠입, 갑산·혜산·자성 등에서 일본군을 급습하여 전과를 거두었는데, 특히 만포진 전투에서 70여 명을 사살했다.

1920년 6월 반격전으로 나온 일본군이 제19사단의 병력과 남양 수비대로 부대를 편성하여 독립군 본거지인 봉오동을 공격해 오자 치열한 전투 끝에 120여 명을 사살, 그 때까지의 독립군이 올린 전과 중 최대의 승전을 기록했다. 그 해 9월 청산리 전투에서는 북로 군정서 제1연대장으로 참가했다. 1962년 건국 훈장 대통령장을 받았다.

▲ 독립군 최대의 승전을 기록한 봉오동 전투

중학 국어 3-1
6. 한국 현대 문학의 이해
① 한국 현대 문학의 흐름

만주에서 태어나 8·15 광복 후 귀국, 경복고를 거쳐 동국대 철학과를 졸업했다. 고교 재학 시절 〈사상계〉 신인 문학상에 소설 〈입석 부근〉이 입선되어 문단에 나왔는데, 이후 10여 년 동안 떠돌이 생활과 베트남 전쟁 참전으로 문학 활동을 중단했다.

1970년 〈조선일보〉 신춘문예에 베트남 전쟁을 배경으로 한 단편 〈탑〉이 당선되어 문학 활동을 재개했다. 이후 〈객지〉, 〈한씨 연대기〉, 〈삼포 가는 길〉 등 리얼리즘 미학의 정점에 이른 중·단편 걸작들을 계속 발표해 1970년대 민중 문학의 대표 작가로 떠올랐다.

간척지 공사판의 날품팔이 노동자를 다룬 〈객지〉는 그의 대표작 중 하나이며, 분단 이후 남한 최초의 노동 소설로 평가받고 있다. 그리고 1974년부터 1984년까지 〈한국일보〉에 연재한 〈장길산〉은 홍명희의 〈임꺽정〉에 비견되는 역사 소설로 평가되고 있다.

민족 문화 연구소 소장 등을 지냈으며, 단재상 문학 부문·대산 문학상 등을 받았다. 그 밖에 〈무기의 그늘〉, 〈장산곶매〉, 〈오래된 정원〉, 〈손님〉 등의 작품이 있다.

▲ 〈장산곶매〉(1980)

평안 남도 대동에서 태어나 정주의 오산 학교와 평양 숭실 학교에서 공부했다. 1934년 일본으로 건너가 도쿄 와세다 제2고등학원을 거쳐 1939년 와세다 대학을 졸업했다.

1931년 시 〈나의 꿈〉을 〈동광〉에 발표해 문단에 나왔고, 1934년에는 도쿄에서 첫 시집 〈방가〉를 펴냈다. 1937년부터 소설에 관심을 기울여 1940년 첫 단편집 〈늪〉을 발표했다. 이후 〈별〉, 〈그늘〉 등 환상적이며 심리적인 경향이 짙은 단편 소설들을 발표했다.

1953년 〈신문학〉에 단편 〈소나기〉를 발표했는데, 이 작품은 그의 대표작으로 이성에 눈떠 가는 사춘기 소년 소녀의 아름답고 슬픈 첫사랑을 서정적으로 그린 작품이다.

그의 작품들은 간결하고 세련된 문체, 소박하면서도 치열한 휴머니즘의 정신, 한국인의 전통적인 삶에 대한 애정 등을 고루 갖춤으로써 한국 현대 소설의 본보기로 평가 받고 있다.

광복 후 서울에서 교편을 잡았으며, 1957년 예술원 회원이 되었다. 3 · 1 문학상 · 대한민국 문학상 등을 받았다.

그 밖에 〈기러기〉, 〈황노인〉, 〈독 짓는 늙은이〉 등의 작품이 있다.

교과서 살펴보기

중학 국어 2-1
2. 문학의 아름다움
② 소나기

중학 국어 3-1
6. 한국 현대 문학의 이해
① 한국 현대 문학의 흐름

▲ 대한민국 문학상 시상식장에서 가족들과 함께

황진이 (?~?)　조선 최고의 명기, 시조 시인

교과서 살펴보기

사회 6-1
1. 우리 민족과 국가의 성립
③ 유교를 정치의 근본으로 삼은 조선

진랑이라고도 하며, 기명은 명월이다. 중종 때 개성에서 진사의 첩의 몸에서 태어났으나 사서삼경을 읽고 시 · 서 · 음악에 뛰어났으며, 용모가 아주 아름다웠다.

15세 때 동네 총각이 그녀를 연모하다 상사병으로 죽었는데, 영구가 그녀의 집 앞에 이르자 말이 슬피 울며 멈추어 섰다고 한다. 그 때 그녀가 속적삼으로 관을 덮어 주자 말이 지나갔고, 그 뒤 그녀는 기생이 되었다고 한다. 기생이 된 후 뛰어난 미모와 활달한 성격, 그리고 청아한 소리와 예술적 재능으로 이름을 날렸다. 그녀는 천마산 지족암의 지족 선사를 유혹하여 파계시켰는데, 그는 10년 동안 수도를 하여 생불이라 불리던 승려였다. 그러나 당대의 대학자 서경덕을 유혹하는 데는 실패하여 사제 관계를 맺었다.

재색을 겸비한 조선 최고의 명기로 박연 폭포 · 서경덕과 함께 송도삼절이라 일컬어진다. '동짓달 기나긴 밤을……' 로 시작되는 시조 등 8수 가량의 시조와 〈별김경원〉, 〈영반월〉, 〈송별소양곡〉, 〈등만월대회고〉, 〈박연〉 등의 한시를 남겼다.

▲ 경기도 파주에 있는 황진이 시비

황현 (1855~1910) 나라를 빼앗기자 〈절명시〉를 남기고 자결한 시인 · 학자

자는 운경이고, 호는 매천이다. 전라 남도 광양에서 태어났다. 어릴 때부터 총명하고 학문을 좋아했는데, 특히 시와 문장에 뛰어났다.

1888년에 성균관 회시에 장원 급제하여 성균관 생원이 되었다. 그러나 민씨 정권의 무능과 부패에 환멸을 느껴 벼슬을 단념하고 학문 연구와 후진 양성에만 힘썼다.

1905년 일본이 강제로 을사조약을 체결하여 외교권을 박탈하자 당시 중국에 있던 김택영과 국권 회복 운동을 하기 위해 중국 망명을 시도했으나 뜻을 이루지 못했다. 1910년 한일 병합 소식을 듣고 울분을 참지 못해 며칠 동안 식음을 전폐하다가 9월 10일 〈절명시〉 4수를 남기고 자결했다.

그가 쓴 역사서 〈매천야록〉은 1864년(고종 1) 흥선 대원군의 집권 때부터 1910년(순종 4) 국권 피탈에 이르기까지 47년 동안의 한국 최근세 역사를 기술한 역사책이다. 흥선 대원군의 집권과 김씨 세도의 몰락, 흥선 대원군 집권 10년 동안의 혼란한 정국과 변천하는 사회상 및 내정 · 외교의 중요한 사실을 연대순으로 거의 빠짐 없이 기록하고 있다. 1955년에는 국사 편찬 위원회에서 한국 사료 총서로 간행했다.

그는 1,015수에 이르는 시를 남겼으며, 저서에 〈매천집〉, 〈매천시집〉, 〈오하기문〉, 〈동비기략〉 등이 있다. 1962년 건국 훈장 독립장을 받았다.

효종 (1619~1659) 북벌 계획을 추진했던 조선 중기의 왕

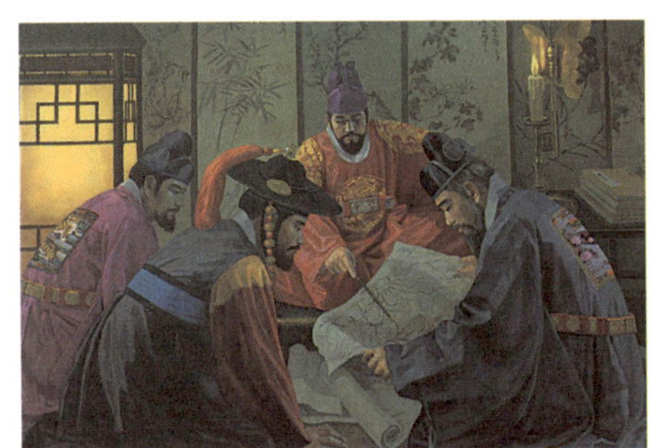

▲ 신하들과 북벌을 의논하는 효종

조선 제17대 왕(재위 1649~1659)이다. 자는 정연이고, 호는 죽오이다. 인조의 둘째 아들로 1626년(인조 4) 봉림 대군에 봉해지고, 병자호란 뒤 소현 세자와 함께 청나라에 8년 동안 볼모로 잡혀가 있었다.

소현 세자가 죽자 세자에 책봉되어 1649년 즉위했다. 오랫동안 볼모 생활을 하면서 청나라에 원한을 품고 있던 효종은 즉위하자 김자점 등 친청파를 몰아내고, 김상헌 · 송시열 · 김집 등 서인계 대청 강경파를 중용하여 북벌 계획을 추진했다.

그러나 한때 유배 중이던 김자점의 밀고로 기밀이 누설되어 어려움을 겪었으나 이를 잘 극복하고, 이완 등 무신을 특채하여 군비를 확충하고 군제를 개편했으며, 군사 훈련을 강화했다. 그러나 청나라의 세력이 더욱 커져서 기회를 얻지 못하던 차에 세상을 떠나 북벌 계획은 차질을 빚고 말았다.

한편, 김육의 주장으로 충청도와 전라도에 대동법을 실시했고, 상평통보를 주조하여 유통시키는 등 경제 정책에도 업적을 남겼다. 또 역법을 개정하고 〈인조실록〉, 〈국조보감〉, 〈농가집성〉 등을 편찬, 간행했다. 능은 경기도 여주에 있는 영릉이다.

흑치상지 (?~?)　　당나라에서 공을 세운 백제 말기의 장군

▲ 백제의 군량미를 저장하는 군창이 있던 곳

사회 6-1
1. 우리 민족과 국가의 성립
① 하나로 뭉친 겨레

중학 국사
2. 삼국의 성립과 발전
③ 신라의 삼국 통일

백제의 장군이다. 7척이 넘는 큰 키에 용감하고 지략이 뛰어났다. 당시 16관등 중 2품관인 달솔을 지냈다.

660년 신라와 당나라 연합군에 의해 사비성이 함락되어 백제가 망했다. 당나라 장군 소정방은 의자왕과 태자 효를 비롯해 여러 왕자를 사로잡고 군사들을 풀어 함부로 노략질을 했다.

이에 분개한 흑치상지는 예산의 임존성을 근거지로 광복 운동을 일으켰다. 이 소식에 백제 유민들이 몰려와 광복군은 곧 3만 명으로 늘어났다. 이들은 지금의 충청도 일대 200여 성을 되찾을 정도로 기세를 떨쳤다.

소정방이 당나라로 돌아가자 나·당 연합군은 백제의 광복 운동을 막기 어려워졌다. 그래서 새로 군사를 보내 수륙 양면으로 공격을 강화했다. 백제 유민들은 점차 버텨 나갈 수가 없어 수로로 공격한 당나라 장수 유인궤에게 항복하고 말았다.

그 후 흑치상지는 당나라 장군이 되어 당나라가 티베트와 싸울 때 큰 공을 세웠다. 당나라 황제는 그의 뛰어난 군사적 재능과 전략을 높이 평가해 연국공의 작위와 연연도대총관이라는 벼슬을 내렸다.

그러나 얼마 후 그를 시기하는 자의 모함으로 옥에 갇혔다가 처형되었다.

흥선 대원군 (1820~1898)　　조선 말의 개혁 정치를 이끈 고종의 아버지

도덕 5
10. 우리 문화와 세계 문화

사회과 탐구 6-1
2. 근대 사회로 가는 길
② 외세의 침략과 우리 민족의 대응

이름은 이하응, 자는 시백, 호는 석파이다. 영조의 5대손인 흥선군은 안동 김씨의 세도 정치 밑에서 불우한 생활을 했다. 철종이 아들 없이 세상을 떠나자, 왕족인 자신의 아들(고종)을 왕위에 오르게 했다. 그리고 자신은 대원군의 자리에 올라 실질적인 권력을 잡았다.

그 후 부정부패를 일삼던 안동 김씨 세력을 몰아 내고, 신분을 가리지 않고 인재를 고루 등용했으며, 왕권을 강화하기 위해 정부 기구를 대폭 개편했다.

또한 나라의 법질서를 바로잡고, 양반들에겐 세금을 내도록 하고, 백성들의 세금은 크게 줄였다.

그의 개혁 정책은 한때 성공을 거두었으나 경복궁 재건 등의 무리한 재정 지출로 백성들의 신임을 잃었다.

또한 쇄국 정책을 고집하여 두 차례의 양요를 치르고, 9명의 프랑스 신부와 8천여 명의 신도를 처형하는 등 천주교를 박해하다가 명성 황후 시해 사건 뒤 정계에서 물러났다.

▲ 흥선 대원군이 중건한 경복궁의 정전인 근정전

프랑스 남동부에 있는 항구 도시 니스에서 어부의 아들로 태어났다. 당시 이탈리아는 오스트리아의 지배하에 여러 왕국으로 분열되어 대립하고 있었다. 이탈리아 사람들은 오스트리아를 몰아 내고 하나된 조국을 세우고 싶어했다.

1831년 '청년 이탈리아당'이 결성되었을 때 가리발디도 이 단체에 들어가 오스트리아에 대항해 혁명군을 지휘했으나 혁명이 실패하자 남아메리카로 건너갔다.

1848년 이탈리아에서 독립 전쟁이 일어나자 가리발디는 조국으로 돌아와 의용군을 조직하고 사령관으로서 오스트리아 및 프랑스 군대와 싸웠다. 그러나 적의 수에 밀려 전쟁에 패하고 다시 미국으로 피신했다.

▲ 나폴리로 입성하는 가리발디 장군

고국에 돌아온 가리발디는 1859년 알프스 의용대를 지휘했고, '붉은 셔츠대'를 조직, 나폴리 왕국을 정복하고 사르데냐 왕국과 합치게 하여 이탈리아 통일의 기반을 닦았다.

교과서 살펴보기

중학 사회 2
2. 서양 근대 사회의 발전과 변화
③ 자유주의와 민족주의의 발전

독일 북부 브라운슈바이크에서 태어났다. 어릴 때부터 수학에 뛰어난 재능을 보여 그의 재능을 알아본 브라운슈바이크 공작의 도움으로 괴팅겐 대학에서 수학을 공부했고, 1799년 헬름슈테트 대학에서 박사 학위를 받았다. 괴팅겐 대학 재학 중이던 19세 때 유클리드 이후 2000년 동안 삼각자와 컴퍼스만으로 그릴 수 없다고 생각해 왔던 정17각형을 그려 내어 대수학자로서의 자질을 보여 주었다.

1801년에 논문 〈정수론 연구〉를 발표했다. 이 논문은 수학사에서 가장 뛰어난 업적 가운데 하나로 평가된다. 이 논문에서 그는 정수론에 관한 체계적인 개념과 방법들을 제시했다. 특히 실수와 허수의 합으로 이루어지는 수인 복소수를 도입함으로써 근대 대수학 발전에 획기적인 계기를 마련했다. 그 해 새로 개발한 '최소 제곱법'을 이용해 세레스라는 소행성의 궤도를 정확하게 계산해 냄으로써 그의 명성을 세상에 떨쳤다. 수많은 천문학자들이 실패한 계산을 성공적으로 수행했던 것이다. 1840년에는 유명한 '가우스의 정리'를 발견했다. 그는 수학의 여러 방면에서 뛰어난 업적을 남겨, 19세기 최고의 수학자로 불린다. 또한 물리학, 특히 전자기학·천체 역학·중력론·측지학 등에도 큰 공헌을 했다. 그의 사후 '수학의 왕자'라는 문구가 새겨진 기념 주화가 발행되기도 했다. 저서에 〈정수론 연구〉, 〈천체운동론〉 등이 있다.

교과서 살펴보기

중학 수학
유리수와 소수
(수행 과제 : 어린 시절의 가우스)

▲ 고개지의 〈여사잠도〉

중학 미술 2
우리 나라 미술과 동양 미술의 흐름

중국 남북조 시대 동진의 문인이자 화가로, 장쑤 성 우시에서 태어났다. 392년경에 형주 자사를 역임했다. 405년에 난징에서 산기상시라는 벼슬을 지냈다.

어릴 때 그림에 남다른 재능을 보인 고개지는 관리로서는 큰 명성을 얻지 못했으나 화가로서는 중국 역사 이래 최고라는 평가를 받고 있다. 혼란한 시대적 상황에서 악의 없는 기인으로 행세하여 자신을 보호했다.

364년, 건강(지금의 난징)에 있는 와관사 벽면에 유마상을 그리면서 화가로서 이름을 알렸다. 초상화와 옛 인물을 잘 그렸으며, 대상이 지니고 있는 생명 또는 정신의 표현을 중시했다. 송나라의 육탐미, 양나라의 장승요와 함께 육조의 삼대가 가운데 한 사람으로 일컬어진다.

작품으로는 〈여사잠도〉(대영박물관 소장)와 〈낙신도〉 2점이 전한다. 〈여사잠도〉는 낱장으로 분리되어 있는 일련의 장면들 상단에 교훈적인 유교시를 적어 넣어 궁중 여인들이 지켜야 할 올바른 행실들에 대해 훈계한 그림이고, 〈낙신도〉는 위나라의 시인 조자건이 쓴 도교시를 도식화한 것이다.

그가 쓴 화론 〈화운대산기〉 역시 도교적인 내용을 담고 있는데 이는 당시에 그려졌던 그림을 묘사한 글일 수도 있다.

중학 사회 2
4. 현대 세계의 전개
③ 현대 사회의 변화와 시민 생활

러시아의 카프카스 산맥 북쪽의 스타브로폴 지방 프리블레에서 농부의 아들로 태어났다. 19세 때 모스크바 대학 법과 대학에 들어가 2학년 때인 1952년 공산당원이 되었다. 5년간의 대학 과정을 마치고 소련(소비에트 연방) 공산당 중앙 위원 · 정치국원 등을 거쳐, 1985년 공산당 서기장에 올라 소련의 최고 권력자가 되었다. 1990년에는 인민 대표 회의에서 대통령으로 추대되었다. 고르바초프는 최고 권력자가 된 후 침체된 경제 활성화를 위해 노력했으나 별다른 성과를 거두지 못하자 1987년부터 개방(글라스노스트)과 개혁(페레스트로이카) 정책을 추진했다. 그리하여 소련에 언론 자유가 확대되고, 비밀 투표와 자본주의 경제가 도입되기 시작했다. 또 미국과 '중거리 핵전력 협정(핵무기 감축 협정)'에 서명했다. 이러한 그의 정책은 제2차 세계 대전 후 지속된 동 · 서 냉전 구도를 크게 흔들어 동독 · 폴란드 · 헝가리 등 수많은 동유럽 국가의 공산 정권이 붕괴되었다. 1990년에는 동 · 서독의 통일을 수락해 독일 통일에 크게 기여했으며, 그 공로를 인정 받아 노벨 평화상을 받았다.

그의 노력에도 불구하고 소련의 경제는 여전히 침체의 늪에 빠져 있었고, 설상가상으로 1991년 강경 보수파에 의해 쿠데타가 일어났다. 그러나 반쿠데타 시위로 쿠데타가 3일 천하로 끝나자 대통령직에 복귀했다. 그 해 12월 옐친 러시아 연방 공화국 대통령 등에 의해 소련이 해체되고 독립 국가 연합이 탄생하자 대통령직에서 물러났다.

미술 5
1. 색의 변화

후기 인상파를 대표하는 화가로, 20세기 야수파에 큰 영향을 준 고흐는 네덜란드 남부의 브라반트 지방에 있는 작은 마을에서 목사의 아들로 태어났다.

어릴 때부터 혼자 있기를 좋아했던 그는 16세에 그림 가게 점원으로 일했고, 어학 교사·서점 점원 등의 일을 하다가 종교에 대한 열정으로 목사가 되어 어촌이나 탄광 지대에서 목회 활동을 하기도 했으나 결국은 실패로 끝났다. 마침내 화가의 길을 걷기로 결심한 고흐는 초기에 노동자나 농민 등의 그림을 그렸는데, 〈감자를 먹는 사람들〉이 이 시기의 걸작이다.

동생인 테오가 가난한 형을 위해 그의 모든 생활비를 부담하는 동안 고흐는 파리로 가서 인상파 화가들과 교유했다. 그 영향으로 〈해바라기〉, 〈아를의 다리〉 등 강렬한 색채를 담은 작품이 만들어졌다. 고갱과 함께 생활하기도 했으나 의견 충돌로 신경이 날카로워져 면도날로 자신의 귀를 잘라 버리는 발작을 일으킨 후 정신 병원에 입원했다. 이후 계속 발작이 진행되어 자주 입원했으며 발작이 없을 때는 광적으로 그림에 몰두했다. 1890년 파리 교외의 오베르에서 휴양을 하던 중 37세의 나이에 권총 자살로 생을 끝냈다.

▲ 〈밤의 카페 테라스〉

▲ 〈감자를 먹는 사람들〉

▲ 〈가셰 박사의 초상〉

▲ 〈오베르의 교회〉

▲ 〈노란 집〉

▲ 〈별이 빛나는 밤에〉

교과서 살펴보기

도덕 6
1. 성실한 생활

독일 고전주의를 완성한 세계적인 문학가로, 프랑크푸르트암마인에서 태어났다. 아버지는 북부 독일 출신의 지적이고 엄격한 법률가였고 어머니는 프랑크푸르트 시장의 딸로 자유분방한 성품의 소유자였다.

15세에는 그레트헨이라는 소녀와 첫사랑에 빠졌는데, 괴테는 대표작 〈파우스트〉의 여주인공으로 그녀를 부활시켰다.

1765년에 라이프치히 대학에 들어가 법률을 공부하다 병을 얻어 고향으로 돌아와 요양 생활을 했다. 그 무렵 신비주의와 중세의 연금술에 관심을 갖게 되고, 자아 성찰과 종교적 신비주의에 몰두했다. 1770년 극작가 셰익스피어의 작품을 알게 되었고, 순수한 감정에 기초한 〈들장미〉의 초고를 썼다. 이 무렵 인근 마을 목사의 딸과 약혼했으나 일방적으로 파기하고 우울한 나날을 보내게 되는데, 이 때의 체험을 바탕으로 훗날 시를 썼다.

1771년 고향에서 변호사업을 개업했고, 1772년에는 고등 법원의 실습생으로서 몇 달 동안 베츨러에 머물렀다. 이 때 샤를로테 부프와의 슬픈 사랑을 겪고 〈젊은 베르테르의 슬픔〉(1774)을 썼다. 이 작품은 독일은 물론 전 유럽에 큰 영향을 미쳤다. 나폴레옹도 이 작품을 애독했고, 젊은이들은 작품 속 베르테르를 흉내내어 푸른 연미복에 노란 조끼를 입고 다니기도 했다. 그리고 문학 운동인 '슈투름 운트 드랑(질풍노도)'의 중심 인물로서 활발한 창작 활동을 했다.

1775년에 바이마르로 가서 재상이 되어 10년 남짓 국정에 참여했다. 정치적으로 치적을 쌓는 한편, 지질학 · 광물학을 비롯하여 자연 과학 연구에도 몰두했다. 1784년, 인간에게는 없는 것으로 알려져 있던 간악골을 발견하여 비교 해부학의 선구지가 되었다.

정치가로서의 생활을 끝낸 후 괴테는 이탈리아로 여행을 떠났다. 화가로서 1000매에 이르는 스케치를 그렸으며, 희곡 〈타우리스 섬의 이피게니〉, 〈에그몬트〉 등을 썼다.

1788년에 바이마르에 희곡 〈타소〉, 〈로마 애가〉를 발표했고, 1791년에는 궁정 극장의 감독이 되었으며, 그 때부터 고전주의 연극 활동이 시작되었다. 실러가 죽은 후 당시를 묘사한 〈빌헬름 마이스터의 편력 시대〉(1829)와 세계 문학사상 최고 걸작 중 하나로 꼽히는 〈파우스트〉를 완성했다.

만년에 74세의 노령으로 19세의 처녀 우를리케 폰 레베초를 사랑하게 되어 그 연모의 정을 시집으로 나타내기도 했으며, 〈이탈리아 기행〉과 자서전인 〈시와 진실〉 등을 펴냈다.

◀ 티슈바인 그림 〈로마 평원의 괴테〉

▲ 구양순체

자는 신본이며, 후난 성 담주 임상(지금의 후난 성 창사)에서 태어 났다. 진나라의 광주 자사였던 아버지 흘이 반역자로 처형된데다 키가 작고 얼굴이 못생겨서 남의 업신여김을 받는 등 어릴 때부터 불행한 환경을 참고 견디며 자랐다. 그러나 유난히 총명했던 구양수는 어려움을 극복하는 길은 열심히 공부하여 훌륭한 학자가 되는 것이라고 생각하여 역사와 문학을 깊이 공부했다.

수양제를 섬겨 태상 박사가 되었고, 그 후 당나라의 고종이 즉위한 후에는 급사중으로 발탁되고, 태자솔경령 · 홍문관 학사를 거쳐 발해남에 봉해졌다.

어릴 때부터 글씨를 잘 써서 '구양순체' 라는 글씨체로 고려에까지 이름을 날렸는데, 왕희지와 왕헌지 부자의 글씨를 배웠다고 한다.

지금까지 전해지는 것으로 〈황보탄비〉, 〈구성궁예천명〉, 〈화도사비〉 등의 비와 〈사사첩〉, 〈초서천자문〉이 있는데, 그의 글씨는 획이나 짜임새가 바르고 가지런하여 엄정한 정신을 그대로 드러내 보이고 있다. 서예를 공부하는 사람이면 누구나 그의 천자문 서체를 본으로 삼으며, 그의 아들 통도 아버지의 뒤를 이어 서예에서 대가를 이루었다.

구텐베르크는 근대 활판 인쇄술의 발명가로, 독일 라인 강변의 마인츠에서 귀족 집안의 아들로 태어났다.

당시의 인쇄술은 나무 판자에 한 자 한 자 새겨 찍는 목판 인쇄였다. 이에 대해 구텐베르크는 금속에 글자를 한 자 한 자 새겨 각각의 활자를 만들고 그것으로 다시 판에 꿰어 맞추는 활판 인쇄술을 만들 생각을 했다. 그 후 그는 마인츠로 돌아와 인쇄 공장을 세우고 고딕체 활자로 인쇄한 라틴 어 성서 〈구텐베르크 성서〉를 출판했다.

이후 인쇄술은 전 유럽에 보급되어 종교 개혁과 과학 혁명을 촉진시켰다.

그의 인쇄술은 나침반 및 화약과 더불어 인류의 문화 발전에 큰 공헌을 한 것으로 평가되고 있다.

▲ 구텐베르크의 인쇄기

중학 사회 2
1. 유럽 세계의 형성
① 고대 지중해 세계의 형성

로마의 귀족 집안에서 태어났다. 어려서부터 문학·웅변·철학을 강조하는 새로운 그리스 문화를 배웠다. 그 덕분에 그는 훌륭하고 명쾌한 논리를 세우게 되어 대중 연설 재능을 빛낼 수 있었다. 로마 귀족이 당연히 져야 했던 병역의 의무를 다했고, 카르타고 전쟁에서 큰 공을 세웠다.

군대에서 겪은 경험으로 로마의 약점을 알게 된 그는 토지 개혁을 시행하여 국력을 강화해야 한다고 생각했다. 당시 로마는 자영 농민이 줄어들고, 땅이 없는 농민이 계속 늘어나고 있었다. 그는 로마 시민들이 일정 면적 이상의 땅을 갖는 것을 금지하고, 사유지가 없는 농민들에게 땅을 분배하여 자영 농민의 힘을 키우는 법안을 만들었다.

기원전 133년, 호민관(평민의 권리를 지키기 위해 선출한 관직) 지위를 얻은 그는 이 토지 개혁법을 통과시키려 했지만, 원로원 의원들이 부추긴 폭동으로 암살당하고 말았다.

그가 죽자 그의 동생 가이우스 그라쿠스는 형의 뜻을 이어받아 더 확대된 개혁법을 내놓았다. 그 내용은 싼 값으로 곡물을 공급하는 곡물 법안, 군사 업무에 관한 각종 규정을 정한 군사 법안, 모든 이탈리아 사람들에게 시민권을 주는 법안 등이었다. 그러나 동생 또한 원로원 세력에 무력으로 대항하다 실패하여 자살하고 말았다. 그라쿠스 형제의 개혁 실패로 로마는 공화정 말기의 당파 싸움의 시대와 내란의 시대로 접어들게 되었다.

중학 도덕 2
2. 바람직한 국가·민족 생활
③ 올바른 애국·애족의 자세

▶ 덴마크 코펜하겐의 그룬트비 교회

덴마크는 깨끗하고 아름다우면서 부유한 나라이다. 하지만 19세기만 해도 덴마크의 모습은 지금과 많이 달랐다. 전쟁의 여파로 덴마크의 경제는 파탄에 이르렀기 때문이다. 국민들은 실의에 빠져 있고, 희망은 보이지 않았다. 바로 그 때 "힘이 아니라 국민성으로 위대한 국가를 건설하자."고 외친 사람이 바로 그룬트비다.

그는 국민 성격 개조 운동과 농촌 부흥 운동을 벌이며 국가 건설에 힘을 쏟아 오늘의 선진 낙농 국가 덴마크의 기초를 마련했다. 우리 나라가 1970년대 초부터 시작한 새마을 운동도 그의 영향을 받은 것이다. 당시 새마을 운동의 주창자들은 그룬트비의 사상과 실천적인 성인 교육 프로그램을 도입해 활용했다. 그룬트비는 국회의원이 되어 국방의 의무와 신앙·언론·출판·집회의 자유를 주창하고, 토지 제도의 개혁을 역설했다. 한편 수많은 찬송가와 〈북구의 신화〉, 〈세계사 편람〉 등을 쓰기도 했다. 오늘날에도 가난에서 벗어나려는 많은 나라에서는 그의 생애와 이념을 이야기하며 그에게서 희망을 찾고 있다.

음악 4
24. 별 보며 달 보며
〈페르 귄트〉 제1모음곡 중

노르웨이 남서쪽에 있는 항구 도시 베르겐에서 태어났다. 아버지는 베르겐 주재 영국 영사였고, 어머니는 노르웨이 출신으로 함부르크에서 음악을 배웠다.

피아니스트였던 어머니에게 음악의 기초를 배운 뒤 15세 때 바이올리니스트이자 작곡가인 올레 불의 권유로 1858년부터 4년간 독일 라이프치히 음악원에서 공부했다. 이 때 슈만과 멘델스존의 영향을 받았다. 그 후 고국으로 돌아와 오슬로 음악 협회에서 지휘자로 활약하기도 했으며, 가데와 노르로크 등 젊은 민족주의 음악가들과 사귀면서 점차 독자적인 음악 세계를 확립했다.

북유럽의 쇼팽이라 불리는 그리그는 독일 낭만주의 음악에 노르웨이 민속악의 요소를 도입하여 국민 음악의 기초를 마련했다.

그의 작품 중에서 〈페르 귄트 모음곡〉은 그리그와 같은 시대를 살았던 작가인 입센이 노르웨이 설화를 바탕으로 희곡을 써서 그에게 작곡을 의뢰하여 탄생한 것으로 특히 〈오제의 죽음〉과 〈솔베이그의 노래〉가 유명하다. 그 밖에 〈피아노 협주곡 A단조〉, 〈노르웨이 무곡〉, 〈서정 소곡집〉 등이 있다.

건강이 많이 악화되어 피오르드 근처 경치 좋은 곳에서 작곡에만 전념하던 그는 1907년 영국으로 연주 여행을 가다 고향인 베르겐에서 숨을 거두었다.

국어 쓰기 1-1
2. 느낌을 나누어요

국어 쓰기 3-1
4. 우리들의 꿈

국어 쓰기 3-2
2. 우리가 꿈꾸는 세상

형은 야코프, 동생은 빌헬름이다. 독일 헤센 주 하나우에서 태어났다. 법관이었던 아버지의 뒤를 이어 형제는 마르부르크 대학에서 함께 법학을 공부했고, 졸업 후에는 같은 도서관에서 일했다.

도서관에서 일하는 동안 수많은 책 중에 어린이를 위한 책이 단 한 권도 없다는 사실을 발견하고, 어린이들이 재미있게 읽을 수 있는 책을 직접 만들 결심을 했다. 형 야코프가 여러 지방을 돌아다니며 그 지방에서 전해 내려오는 이야기를 수집해 오면, 동생 빌헬름은 그것을 재미있는 이야기로 꾸며서 책으로 엮어 냈다.

〈그림 동화〉(원제 : 어린이와 가정을 위한 옛날 이야기)에는 〈백설 공주〉, 〈빨강 모자〉, 〈헨젤과 그레텔〉, 〈황금 거위〉, 〈엄지 공주〉 등 독일 옛날 이야기 86편이 실려 있고, 그 밖에 〈독일 전설〉, 〈독일어 사전〉 등의 공동 저작이 있다.

특히 〈독일어 사전〉은 1854년에 첫 권을 낸 이후, 여러 학자가 계승하여 1861년에 완성했다. 그 밖에 게르만 언어학의 창시자로서 형은 〈독일어 문법〉, 〈독일어사〉, 동생은 〈독일 영웅 전설〉 등을 썼다.

▲ 〈그림 동화〉

나관중 (羅貫中 : 1330?~1400) 〈삼국지연의〉·〈수호지〉의 작가

▲ 유비, 관우, 장비가 의형제를 맺는 모습

중학 국어 1-1
4. 메모하며 읽기

　본명은 본이고, 자는 관중, 호는 호해산인이다. 중국의 산시 성에서 태어났다. 하급 관리였을 것으로 추정될 뿐 그의 생애에 대하여는 알려진 것이 별로 없다. 그는 중국 송나라와 원나라 시대에 유행한 이야기를 바탕으로 구어체 장편 소설인 〈삼국지연의〉를 쓴 작가로 유명하다.

　〈삼국지연의〉는 흔히 〈삼국지〉로 불리며 장편 역사 소설이다. 원래 제목은 〈삼국지통속연의〉이다. 이 소설은 유비, 관우, 장비가 도원(복숭아나무가 많은 정원)에서 의형제가 되기로 맹세하는 것에서 시작하여 오나라의 손호가 항복하여 삼국이 통일될 때까지의 이야기를 다루고 있다. 지금까지도 우리 나라를 비롯한 동양의 여러 나라에서 널리 읽히고 있다. 그는 또 〈수호지〉를 쓴 것으로도 알려져 있는데, 이에 대해서는 아직까지 논란이 되고 있다. 시내암이 〈수호지〉를 쓴 뒤 나관중이 개정했다고 주장하는 전문가가 있는가 하면, 시내암이 앞의 70장을 썼고 나관중이 나머지 30장을 썼다고 주장하는 전문가도 있다. 어쨌든 나관중은 당대 최고의 작가로서 그의 〈삼국지연의〉와 〈수호지〉는 〈서유기〉, 〈금병매〉 또는 〈비파기〉와 함께 중국의 4대 기서에 속한다.

　그 밖에 〈수당연의〉, 〈평요전〉, 〈잔당오대사연의〉 등의 작품이 있으며, 희곡 3편을 쓴 것으로 기록되어 있으나 〈조태조용호풍운회〉 한 작품만 전한다.

나세르 (Nasser, Gamal Abdel : 1918~1970) 수에즈 운하를 되찾은 이집트의 군인, 정치가

중학 사회 2
4. 현대 세계의 전개
② 제2차 세계 대전과 전후의 세계

　이집트의 정치가이자 군인으로, 이집트의 북부에 있는 알렉산드리아에서 우체국 직원의 아들로 태어났다.

　영국의 지배를 받고 있던 이집트를 자주적이고 부강한 나라로 만들겠다는 결의에 차 있던 나세르는 중학교 때부터 민족 운동에 참가했다. 1938년 육군 사관학교를 졸업한 그는 '자유 장교단'을 결성했고, 팔레스티나 전쟁 때에는 큰 공을 세우기도 했다.

　1952년 그는 나기브 장군과 함께 부패한 파루크 왕을 몰아 내고 공화 정부를 세웠다. 1954년에는 나기브마저 몰아 내고 정권을 잡아 1956년에 대통령이 되었다. 그 해 수에즈 운하의 국유화에 성공했고, 1958년 시리아를 합병하여 아랍 공화국의 초대 대통령이 되었다. 그러나 1961년 쿠데타가 일어난 시리아가 연합에서 이탈하는 바람에 아랍 연합 공화국은 실패로 돌아가고 말았다. 1970년 요르단 내전 종식을 위해 노력하던 중 심장마비로 숨졌다.

▲ 수에즈 운하를 항해 중인 선박

본명은 긴노스케이며, 일본 도쿄의 비교적 유복한 집안에서 8남매 중 막내로 태어났다. 당시 일본 문학의 자연주의 경향에서 벗어나 근대 소설의 형체를 확립한 메이지 시대의 대표적인 작가이다. 1893년 도쿄 제국 대학 영문과를 졸업한 뒤 도쿄 고등 사범학교, 마쓰야마 중학교 등에서 영어를 가르쳤다. 1900년 영국에 유학한 후 귀국하여 도쿄에서 고등학교 교사로 일했고, 1905년 처녀작 〈나는 고양이로소이다〉를 발표했다. 이 작품으로 그는 일본 문학계를 대표하는 작가로 우뚝 서게 되었다. 이듬해에는 〈도련님〉을 발표했다.

〈도련님〉은 1895년부터 1896년까지 마쓰야마 중학교에서 영어 교사로 일했던 작가의 체험을 바탕으로 지은 소설로, 주인공 도련님의 호기와 소박하고 명쾌한 성격이 해학 넘치는 필치로 표현되어 있다. 그를 잘 이해해 주는 늙은 하녀 기요에 관한 묘사도 매우 인상적이다. 〈도련님〉은 나쓰메 소세키의 작품 중에서 가장 많이 읽히는 작품이다.

그는 근대 일본의 소외된 지식인들이 처한 곤경에 초점을 맞추어 이를 설득력 있는 문장으로 표현해 낸 소설가로 평가 받고 있다. 일본의 셰익스피어라는 애칭으로 불리고 1000엔 권 지폐에 그의 얼굴이 인쇄되어 있는 등 일본 국민들의 사랑을 받고 있다.

도쿄 대학, 〈아사히 신문〉 등에서 일했으며, 그 밖의 작품에 〈우미인초〉, 〈산시로〉, 〈그 후〉, 〈문〉, 〈마음〉 등이 있다.

중학 국어 3-1
3. 독서와 사회
① 독서와 사회 · 문화의 만남

16세까지 영국인 가정 교사의 지도를 받고 영국의 해로 학교에서 서구식 교육을 받았다. 1907년에 케임브리지에 입학해서 화학, 지질학, 식물학 등을 공부하고 1912년 변호사 자격을 얻어 귀국했다.

1919년 영국의 암리차르 대학살을 계기로 국민회의에서 적극적으로 활동하다 1923년에 사무총장, 1929년 라호르 대회에서 의장을 맡으면서 인도의 지식인과 젊은이들의 지도자로 떠올랐다. 이 대회에서 처음으로 인도의 독립이 결의되었다.

스무 살 연상의 간디의 영향 또한 매우 컸는데, 1916년 첫 만남을 가진 이후 함께 독립 운동을 이끌었다. 그 과정에서 8차례에 걸쳐 9년간이나 감옥 생활을 했다.

제2차 세계 대전이 끝난 뒤인 1947년 8월 25일, 인도가 파키스탄과 분리 독립되면서, 네루는 자주 독립국 인도의 초대 총리에 올랐다. 대외 정책에서는 아시아 여러 나라와 연대를 강화하고, 미 · 소 어느 쪽에도 가담하지 않는 비동맹주의 노선을 지켜 나갔다. 〈새 역사 이야기〉, 〈인도의 발견〉 등의 저서가 있다.

중학 사회 2
4. 현대 세계의 전개
② 제2차 세계 대전과 전후의 세계

▲ 간디와 이야기를 나누는 네루

도덕 6
1. 성실한 생활

중학 도덕 3
1. 개인의 가치와 도덕 문제

이름은 이이이고, 자는 담 또는 백양이다. 노군 또는 태상노군으로 신성화되었다. 역사적 중요성에 비해 그의 생애는 자세히 알려져 있지 않다.

사마천이 쓴 〈사기〉에 따르면 초나라 고현(지금의 허난 성 루이 현) 사람으로, 춘추 시대 말기 주나라의 수장실 사관(장서실 관리인)을 지냈고, 공자가 젊었을 때 뤄양으로 노자를 찾아가 예에 관한 가르침을 받았다고 한다. 또 다른 일화에서는 주나라의 쇠퇴를 한탄하고 서쪽으로 떠났다고 한다. 그는 주가 쇠망해 가는 것으로 보고는 진나라로 들어가는 길목인 함곡관에 이르러서 관문지기의 요청으로 상하 2편의 책을 써 주었다고 한다. 이것이 도가 사상의 근간을 이루는 〈도덕경〉이다. 〈도덕경〉은 천지 자연을 꿰뚫는 근본 이치인 '도'와 그 '도'를 나타낸 '덕'에 대한 가르침을 담은 책이다. 우리 눈에 보이는 우주 만물은 각기 다른 형태를 지니고 있지만, 그 근본은 결국 '도'라는 한 가지 진리에 도달하게 된다는 것이 노자의 사상이다. 노자의 사상은 장자·열자 등에 의해 이어져 '도가'를 형성했다. '도가'는 공자와 맹자의 유교와 더불어 중국 사상의 2대 조류가 되었다. 노자의 일생에 대해서는, 노자의 생존을 공자보다 100년 후로 보는 설이 있는가 하면, 그 실재 자체를 부정하는 설도 있다.

현대의 학자들은 〈도덕경〉이 한 사람의 손에 의해 저술되었을 가능성을 받아들이지 않고 있다. 하지만 도교가 불교의 발전에 큰 영향을 미쳤다는 사실은 받아들이고 있다.

중학 국사
5. 조선의 성립과 발전
③ 왜란과 호란의 극복

처음에는 무황제, 나중에는 고황제라고 불렸다. 묘호는 태조. 여진족은 만주 일대에 흩어져 살면서 농사나 사냥을 주로 하던 종족으로, 옛날에는 말갈족으로 불리기도 했다.

누르하치는 만주의 푸순 동쪽 훈허 강, 싱징 분지의 한 곳에 위치한 건주 여진의 한 추장에 지나지 않았다. 1583년 처음으로 군사를 일으켜 수년 사이에 건주 여진을 통일하고, 1587년 쑤쯔허 상류에 최초의 성인 싱징라오청을 구축했다.

명에 대해서는 공손한 태도를 취하여 용호장군의 칭호가 수여되었다. 1599년에 해서 여진을 멸망시키고, 이어 1613년에는 여진의 대부분을 통일했으며, 1616년 칸(황제)의 지위에 올라 국호를 후금, 연호를 천명이라 했다.

후금의 성립은 명에 커다란 위협이 되어 마침내 명과 충돌하게 되었는데, 1619년에는 명과 일대 결전을 각오하여 진격, 푸순 관외의 사르프 전투에서 명군 10만을 격멸하여 대승했고, 1621년에는 랴오둥을 공략하여 랴오허 강 동쪽을 차지했으며, 1625년에 선양으로 도읍을 옮겼다.

1626년에 명의 영원성을 공격했으나 부상만 입고 후퇴했다. 이것이 원인이 되어 그 해 4월 몽골의 파림부를 직접 공략하다가 도중 9월에 병사했다. 그 후 아들 태종이 나라의 이름을 청이라 고치고 중국 통일의 위업을 이루었다.

니체 (Nietzsche, Friedrich W. : 1844~1900) 실존주의 철학의 선구자

니체는 실존주의 철학의 선구자로 당시 프로이센의 영토였던 뢰켄에서 목사의 아들로 태어났다. 5세 때 아버지를 여의고 할머니 집에서 자랐다.

20세에 본 대학에서 고전 문헌학을 공부했는데 이 무렵 쇼펜하우어의 〈의지와 표상으로서의 세계〉라는 책을 읽고 영향을 받았다.

또한 바그너의 음악에 감동하여 〈비극의 탄생〉을 썼다. 1868년 스위스 바젤 대학의 교수가 되었으나 프로이센과 프랑스 사이에 전쟁이 터지자 참전했다. 이 때 얻은 눈병과 두통은 평생 동안 따라다녔다.

이후 요양하면서 〈인간적인, 너무나 인간적인〉, 〈차라투스트라는 이렇게 말했다〉 등의 많은 책을 저술했다. 1889년 정신 이상을 보이고 그로부터 10년 후 세상을 떠났다.

니체의 사상은 문명에 대한 비판이 핵심이었는데 기독교를 비판하여 '신의 죽음'을 선언하고 삶은 우주와 함께 영원히 되살아난다는 '영겁회귀'를 통해서 '초인 사상'을 설파했다.

▲ 니체 기념관

단테 (Dante, Alighieri : 1265~1321) 〈신곡〉을 쓴 이탈리아의 시인

피렌체의 귀족 집안에서 태어났다. 라틴 어 학교를 거쳐 대학자 라티니에게 문법과 논리학 등을 배웠다. 그 뒤 볼로냐 대학에서 공부하면서 동급생 카발칸티와 함께 로마의 시인 베르길리우스의 작품을 탐독하고, 서로 격려하며 시를 썼다. 그 무렵부터 베아트리체를 향한 사랑을 읊기 시작했다.

베아트리체는 단테가 9세 때 첫눈에 사랑에 빠진 아름답고 청순한 8세의 소녀로, 뒤에 시모네 데 바르디라는 남자와 결혼했다가 1290년 24세에 죽었다. 그녀는 단테의 생애와 〈신생〉, 〈신곡〉 등의 작품에 커다란 영향을 끼쳤다.

단테의 생애는 고독과 낙담, 그리고 불안의 연속이었다. 어린 시절 어머니를 잃었고, 청년 시절에는 사랑하는 여인의 죽음을 겪었으며, 그 뒤에는 정치적인 이유로 피렌체에서 추방되어 평생 방랑 생활을 했다. 그는 이러한 고통과 시련 속에서 〈신곡〉을 집필했다. 1304년쯤부터 쓰기 시작한 〈신곡〉은 그가 죽은 해인 1321년에 완성되었다.

세계 문학사에서 찬란히 빛나는 〈신곡〉은 시인 자신이 등장하여 신의 은총으로 지옥에서 연옥과 천국까지 두루 여행하는 이야기이다. 베아트리체는 〈신곡〉에서 단테를 천국으로 안내하는 역할로 등장한다. 단테는 시를 통해 중세의 정신을 종합했으며, 르네상스의 선구가 되었다. 호머, 괴테, 셰익스피어와 함께 세계 4대 시인의 한 사람으로 꼽힌다.

중학 사회 2
4. 현대 세계의 전개
② 제2차 세계 대전과 전후의 세계

달라이 라마는 티베트의 정치적 결정권을 갖는 통치권자이자 최고의 정신적 지도자를 이르는 말이다. 살아 있는 부처로 불린다.

티베트 인들은 달라이 라마가 죽으면 곧 환생한다고 믿고 새로 태어난 달라이 라마를 찾아 최고 지도자 자리에 앉힌다. 제14대 달라이 라마인 본텐진 갸초(Tenzin Gyatso)는 중국과 인접해 있는 암도 지방에서 농부의 아들로 태어났다. 불교 전통에 따른 시험 과정을 거쳐 그는 2세 때 달라이 라마로 인정 받아 승려들 밑에서 자랐다.

1950년 중국이 티베트를 침공하자 지방 곳곳에서 나라의 독립을 요구하는 민중 봉기가 이어졌다. 그러자 달라이 라마는 마오쩌둥, 저우언라이 등의 중국 지도자들과 협상을 하면서 평화 공존을 요구했다. 그러나 중국의 탄압은 끊이지 않아 수많은 불교 사원이 파괴되고, 8만 7천여 명의 티베트 인들이 죽임을 당했다.

그는 결국 1959년 인도의 다름살라에 망명 정부를 세웠다. 인도에서도 그는 티베트 고유 문화의 보존에 힘을 기울이는 한편, 비폭력 노선을 유지하면서 티베트의 독립 운동을 전개했다.

그 결과 1959, 1961, 1965년 국제연합 총회에서 중국 정부에 티베트의 인권과 자치권을 존중하라는 결의안을 채택하도록 했다. 그는 세계 인권의 상징이 되어 1989년 노벨 평화상을 받았다.

중학 사회 2
4. 현대 세계의 전개
③ 현대 사회의 변화와 시민 생활

중국 쓰촨 성에서 태어났다. 1918년 프랑스에 유학하여 공부하는 동안 무기 공장, 자진거 공장 등을 다니며 현실에 눈을 뜨고, 막 싹터 오르던 공산주의 운동에 적극적으로 참여했다. 당시 중국은 국민당과 공산당의 대립이 심했다. 덩샤오핑은 공산당을 이끄는 마오쩌둥 노선에 합류해 정치·군사적으로 다양한 경력을 쌓았다.

그는 경제 발전을 위하여 국민들에게 물질적인 보상을 해 주고, 엘리트를 양성하자는 등의 실용주의를 주장했다. 그 결과 1960년대 후반, 극단적인 사회주의를 건설하려는 마오쩌둥 세력에 의해 비난을 받으며 당 간부 자리를 빼앗겼다. 그 후 1973년 총리 저우언라이의 추천으로 복직되었으나, 3년 뒤 저우언라이가 죽자 다시 권좌에서 밀려났다. 그 해 9월 마오쩌둥이 죽었으며, 다음 해 덩샤오핑은 복직되었다.

1981년 실권을 장악한 덩샤오핑은 기업가와 농민의 이윤 보장, 외국인 투자의 허용 등 과감한 개혁·개방 정책을 실행했다. 그런데 1989년, 민주화를 요구하는 학생들이 베이징의 톈안먼 광장에 모여 시위를 벌였다.

덩샤오핑은 무력 진압을 지시해 많은 사상자를 냈지만(톈안먼 사건), 자신의 지도권만큼은 놓치지 않았다. 그 후 1994년 정계에서 물러날 때까지 경제적으로 부유한 사회주의 국가 건설을 위해 노력했다.

미국 샌프란시스코에서 태어났다. 부모가 이혼하여 음악 교사인 어머니 밑에서 자랐으며, 어려서부터 춤추기를 좋아하여 발레 학교에 들어갔다. 어린 나이에도 엄격한 고전 발레 대신 자신의 감정이 깃든 자유로운 율동으로 춤을 추려고 했다. 그 뒤 시카고와 뉴욕에서 처음 공연을 가졌으나 별로 주목 받지 못했다.

21세 때 미국을 떠나 영국으로 갔다. 한번은 런던 부유층 부인들의 모임에 나가 완전히 새로운 양식의 춤을 추어 사람들로부터 열광적인 찬사를 받았다.

1905년에는 러시아를 방문하여 공연했다. 이 공연은 당시 유럽에서 발레를 부활시킨 세르게이 디아길레프를 크게 감동시켰고, 특히 젊은 세대들의 열렬한 지지를 받았다. 점차 그녀는 음악가, 미술가, 작가들에게까지 영감을 주는 춤을 추어 그들의 숭배 대상이 되기도 했다. 1921~1924년에는 러시아 무용 학교에서 학생들을 가르쳤다.

덩컨의 춤과 생활은 시대를 너무 앞서 대중들의 비난을 받기도 했다. 그러나 오늘날 덩컨은 춤의 위대한 개혁자로서 확고한 자리를 차지하고 있다. 솔직하고 자유로운 동작으로 당시의 억압된 춤을 해방시켰고, 이로써 훗날 현대 무용이 들어설 수 있는 발판을 마련했던 것이다.

자서전으로 〈나의 생애〉가 있으며, 1927년 프랑스에서 승용차의 바퀴에 스카프가 걸려 질식사했다.

교과서 살펴보기

체육 5
4. 표현 활동
① 손짓, 발짓, 몸짓으로
체육 6
4. 표현 활동
① 창작 표현

유럽의 발칸 반도 남동부에 있는 트라키아 지방(지금의 에게 해 북동쪽 기슭)에서 태어났다. 그의 생애에 대해 알려진 것은 많지 않다. 다만 트라키아의 아브데라에서 부유한 시민으로 살면서, 아시아의 여러 나라를 여행하고 장수를 누린 것으로 추정되고 있다.

그는 낙천적인 성격 때문에 '웃는 철학자' 라는 별명으로 불렸는데, 스승 레우키포스와 함께 고대 원자론을 확립하여 원자론 발전에 아주 중요한 역할을 했다.

원자론을 중심으로 한 그의 학설은 유물론의 출발점이 되었고, 그 후 에피쿠로스와 루크레티우스 등에게 계승되어 후세 과학 사상에 큰 영향을 끼쳤다.

그는 또 원자의 회전 운동으로 비슷한 원자들이 서로 결합하여 우주가 탄생했다고 설명하기도 했다.

무한에 관한 연구를 계속해 수학 분야에서도 많은 영향을 끼쳤으며, 사면체와 원뿔의 부피는 각각 같은 밑바닥과 높이를 가지는 각기둥과 원기둥의 부피의 3분의 1임을 발견하기도 했다.

그 밖에 천문학, 생물학, 음악, 시학, 윤리학 등에도 뛰어나 사람들은 그를 가리켜 소피아(지혜)라고도 불렀다. 그는 지식의 거의 모든 분야를 다룬 73권의 책을 썼다고 하나 지금까지 남아 있는 것은 대부분 윤리학에 관한 단편적인 글뿐이다.

교과서 살펴보기

중학 과학 3
3. 물질의 구성
① 물질의 구성 입자

데카르트 (Descartes, René : 1596~1650) 근대 철학의 아버지

교과서 살펴보기

중학 도덕 3
1. 개인의 가치와 도덕 문제

프랑스 중부 투렌에서 대대로 관직에 몸담아 온 귀족 가문에서 태어났다. 1세 때 어머니를 여의고 아버지의 지극한 보살핌을 받으며 자란 데카르트는 호기심이 많고 생각이 깊은 아이였다. 10세에 예수회의 라 플레슈 학원에 입학하여 고전, 논리학, 철학 등을 배웠으며, 대학에서는 법학, 의학, 수학 등을 공부했다. 졸업 후에는 네덜란드 군대, 30년 전쟁 등에 참가하여 세상을 배웠다. 그 뒤 파리로 돌아와 기하학에 대수학의 방법을 적용한 해석 기하학을 완성하여, 17세기 전반의 최대 수학자로 일컬어지게 되었다. 1637년에는 〈굴절 광학〉, 〈기상학〉, 〈기하학〉의 세 논문을 발표했는데, 이 논문의 서론에서 학문의 진리를 얻기 위한 방법을 설명했다. 이것이 유명한 〈방법 서설〉이다. 이 책은 라틴 어가 아닌 불어로 쓰여진 일종의 고백론이자 최초의 근대 철학서이다. 이 책에서 데카르트는 "나는 생각한다. 그러므로 나는 존재한다."라는 철학의 근간을 이루는 말을 인용하며 모든 믿음과 유행하고 있는 지식에 대해 회의할 것을 촉구했다. 그 밖에 〈철학의 원리〉, 〈성찰〉, 〈진리의 탐구〉, 〈반론과 응답〉 등의 저서가 있다. 데카르트가 산 시대는 중세가 막을 내리고 프로테스탄트와 가톨릭이 갈등하며 오랜 전쟁으로 사람들은 고통에 시달리고 있었다. 모든 것을 신의 뜻으로 해석했던 중세의 사고로부터 벗어나 합리적이고 과학적인 이성으로 세상의 진리를 발견하고자 한 데카르트는 학문과 종교의 자유가 보장된 네덜란드에서 교사이자 저술가로 활동했다.

도데 (Daudet, Alphonse : 1840~1897) 프랑스의 소설가

교과서 살펴보기

중학 국어 2-1
1. 감상하며 읽기
① 문학 작품의 감상

프랑스 남부 도시 님에서 견직물 제조업자의 아들로 태어났다. 아버지의 피신으로 집안 형편이 어려워져 대학 진학을 포기하고 시골 중학교에서 보조 교사로 일하는 등 힘든 나날을 보냈다. 그러다가 18세 무렵 파리로 가 소설가이자 평론가인 형의 도움으로 문학 공부를 시작했다. 그는 글을 쓰는 한편으로 사교계에 드나들면서 많은 사람들과 어울렸는데, 이 때 만난 마리 리외에게 유일한 시집인 〈연인들〉을 바쳤다.

그 후 도데는 본격적으로 소설을 쓰기 시작하여 1869년에 주인집 아가씨를 연모하는 양치기 소년의 아름다운 사랑을 그린 〈별〉이 수록된 〈방앗간 소식〉을 발표하면서 유명해졌다. 이 듬해에는 프로이센과의 전쟁에 국민병으로 참여했던 체험을 담은 단편집 〈월요 이야기〉를 발표했는데, 〈마지막 수업〉도 여기에 수록되어 있다.

도데는 당시 남프랑스의 시인 미스트랄을 비롯해 자연주의의 거장인 플로베르, 졸라, 공쿠르 등과 친교를 맺으며 문학적으로 그들의 영향을 받았다. 그러나 세상을 따뜻한 시선으로 바라보며 자신의 고유한 문학적 감성이 녹아든 소재들을 시적 정서에 담았다.

작품으로 〈방앗간 소식〉, 〈월요 이야기〉, 〈자크〉 등이 있으며, 〈동생 프로몽과 형 리슬레르〉로 아카데미 프랑세즈 상을 받았다. 희곡으로는 비제의 작곡으로 더욱 유명해진 〈아를의 여인〉이 있다.

러시아 모스크바에서 가난한 의사의 둘째 아들로 태어났다. 모스크바의 기숙학교에서 초등 교육을 마친 그는 16세 때 상트페테르부르크의 육군 공병 학교에 들어갔으나 틈틈이 소설을 읽으며 소설가의 꿈을 키웠다.

25세 때 첫 중편 소설 〈가난한 사람들〉로 '새로운 고골리'라는 칭송을 받으며 문단에 데뷔했다. 이처럼 소설가로서의 시작은 화려했지만 평생을 많은 어려움과 가난, 질병에 시달리며 살았다. 1849년에는 출판의 자유, 농노 해방, 사법 제도의 개혁을 주장하다가 체포되어 유형 생활을 하기도 했다.

톨스토이와 함께 19세기 러시아 리얼리즘 문학을 대표하는 도스토예프스키는 인간 심성의 가장 깊은 곳까지 꿰뚫어 보는 심리적 통찰력으로, 영혼의 어두운 부분을 드러내 보임으로써 20세기 소설 문학에 큰 영향을 주었다.

▲ 도스토예프스키 박물관

그의 작품들 중 〈죄와 벌〉, 〈백치〉, 〈악령〉, 〈카라마조프의 형제들〉 등은 삶의 지혜와 영혼의 울림을 전달하는 데 예술이 매체로 이용된 뛰어난 본보기이며, 그에게 위대한 소설가라는 명성을 안겨 주었다.

교과서 살펴보기

중학 국어 3-1
3. 독서와 사회
① 독서와 사회 · 문화의 만남

도연명 (陶淵明 : 365~427) 중국의 전원 시인

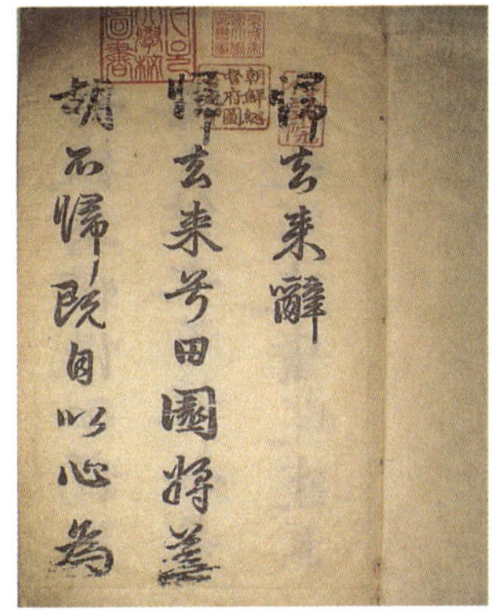

▲ 도연명의 〈귀거래사〉

교과서 살펴보기

중학 도덕 1
1. 삶과 도덕
④ 청소년기와 중학생 시절

자는 연명 또는 원량, 이름은 잠이다. 문 앞에 버드나무 다섯 그루를 심어 놓고 스스로 오류 선생이라 칭하기도 했다. 장시 성 주장 현의 남서 시상에서 태어났다.

그의 증조부는 서진의 명장이었고, 외조부는 당시의 명사였지만 그가 태어났을 때는 이미 살림이 기울어진 후였다. 부모를 일찍 여의고 고생을 하며 자랐다.

29세에 벼슬길에 올랐지만, 얼마 안 가서 사임했다. 그 후 생활을 위해 진군참군 등의 관직을 지내기도 했다.

41세 무렵 펑쩌 현의 현령으로 있을 때 중앙의 벼슬아치가 내려온다고 마중을 나오라고 하자 "쌀 닷 말밖에 안 되는 녹을 위해 거만한 벼슬아치들에게 머리를 숙일 수 없다."면서 고향에 돌아가 다시는 벼슬길에 나서지 않았다. 이 때 지은 글이 유명한 〈귀거래사〉이다. 그 내용은 다음과 같이 시작된다.

"자, 어서 돌아가자. 고향의 논밭은 거칠어져 가고 있다. 어서 돌아가자. 이제까지 나는 생활을 위해 마음을 희생시켜 왔다. 언제까지나 그것을 한탄하고 슬퍼하기만 할 것인가! 지나간 인생은 뉘우쳐야 부질없고, 앞으로 인생을 바르게 살아가기만 하면 되는 것……."

이후 도연명은 괭이로 밭을 일구며 자연을 벗삼아 살다가 62세에 그 생애를 마쳤다. 후에 그의 시호를 정절 선생이라 칭했다.

오다 노부나가가 시작한 일본 통일의 대업을 완수했고, 해외 침략의 야심을 품고 조선을 침략해 임진왜란을 일으켰으며, 죽을 때까지 최고위직인 다이코(太閤)를 지냈다.

일본 오와리 구니에서 하급 무사의 아들로 태어난 도요토미 히데요시는 젊어서는 기노시타 도키치로, 후에는 하시바 히데요시라고 했다가, 다이조 다이진·간파쿠가 되어 도요토미라는 성을 썼다. 오다 노부나가의 부하로 있을 때 추운 겨울날 상관의 신발을 품 속에 녹여 내놓은 것이 계기가 되어 신임을 얻은 일화는 유명하다.

오다 노부나가가 모반 사건으로 죽자 원수를 갚음과 동시에 그 뒤를 이어 전국 통일을 이루고 100년간에 걸친 전쟁의 혼란을 수습했다. 실권을 잡은 도요토미 히데요시는 서양의 신문물을 받아들여 새로운 무기를 개발, 국력을 튼튼히 했다. 그리고 중국, 필리핀, 인도의 정복을 목표로 조선 침략을 준비했다. 나고야에 지휘소를 차린 그는 고니시 유키나가를 선봉장으로 20만 대군을 조선으로 보내 1592년 임진왜란을 일으켰다.

조선은 처음에 패배했으나 전열을 정비한 수군과 의병들의 활약, 그리고 명나라의 지원으로 왜군을 모두 물리쳤다. 1597년 다시 군사를 일으켜 조선을 침략했으나 이듬해 병으로 죽어 뜻을 이루지 못했다. 도요토미 히데요시의 전국 통일로 일본은 근대적 사회로 나아갈 수 있는 기틀을 마련하게 되었다.

스코틀랜드 에든버러에서 태어났다. 에든버러 대학을 졸업하고 1891년까지 안과 의사로 일했다. 보어 전쟁 때 군의관으로 참전하여 공로를 세워 '경(sir)'이라는 칭호를 받았다.

의사 시절 미국 작가 에드거 앨런 포와 프랑스 작가 가보리오의 소설을 흥미롭게 읽고 탐정 추리 소설을 구상하게 되었다.

첫 작품으로 1887년 셜록 홈스를 주인공으로 한 〈주홍색 연구〉를 내놓은 이래 잡지 〈스트랜드 매거진〉에도 홈스가 등장하는 단편 소설을 연재했다.

탁월한 추리력으로 사건을 해결해 나가는 홈스는 이전의 탐정들과는 뚜렷이 구분되는 명탐정으로 독자들에게 큰 인기를 끌었다. 도일이 가끔 연재를 거를 때면 독자들의 항의가 빗발쳐 곧 펜을 잡아야 했으며, 셜록 홈스 팬클럽까지 생겨났다.

셜록 홈스 시리즈는 현재까지 40여 개국 언어로 번역되었고, 수많은 영화로도 제작되었다. 셜록 홈스 시리즈로 장편 〈바스커빌 가의 개〉 외 3편, 단편 〈빨강 머리 연맹〉 외 55편이 있다. 〈마이카 클라크〉 같은 역사 소설과 SF의 고전으로 알려진 〈잃어버린 세계〉 등의 과학 소설도 썼지만 홈스의 인기에 가려 독자의 주목을 받지 못했다.

제1차 세계 대전에서 아들이 죽은 뒤로 도일은 심령술에 심취했다. 심령 현상에 관한 책을 쓰며 인생 최후의 11년을 보냈으며, '세계 심령 학회' 회장을 지내기도 했다.

　　일본의 전국 통일을 이루고 에도(지금의 도쿄)에 무가 정권을 세워 에도 막부 시대 (1603~1867)를 연 장군이다. 지금의 나고야에서 동쪽으로 멀리 떨어진 곳에 있는 무사 가문에서 태어났다.

　　1560년 이마가와 요시모토가 서부의 강자 오다 노부나가와의 전투에서 죽었다. 그러자 이에야스는 오다 노부나가와 동맹을 맺고 스루가, 도토미, 미카와를 점령함으로써 동해 지방의 세력을 장악했다.

　　1598년 일본의 독재자 도요토미 히데요시가 죽자 그 뒤를 이을 승계 싸움이 일어났다. 이때 히데요시의 가신들 중 가장 강하고 신망을 받던 이에야스는 동군의 우두머리가 되었다. 1600년 가을 그는 에도의 북동쪽 지역에서 벌어진 권력 투쟁의 전투에서 승리를 거두었다.

　　1603년 그는 쇼군(무가 정권인 막부의 우두머리)이 되어 지방 영주들의 권력을 제압하고 수도인 에도로 권력을 집중시켰다.

　　1614년부터 다음 해까지 두 차례에 걸쳐 오사카 전투를 일으켜 도요토미 히데요시의 아들을 비롯한 도요토미 잔당을 멸망시켜 전국 통일을 이룩했다.

　　도쿠가와 집안은 1867년 에도 막부 시대가 막을 내릴 때까지 일본을 다스렸다. 에도 막부 시대는 정치적 안정과 경제적 성장을 이룩한, 일본 봉건제의 마지막 시대였다.

교과서 살펴보기

중학 사회 1
10. 아시아 사회의 발전과 변화
② 동아시아 전통 사회의 발전과 변화

중학 사회 2
3. 아시아 사회의 변화와 근대적 성장
① 동아시아의 근대적 성장

돌턴 (Dalton, John : 1766~1844) 근대 원자론의 기초를 확립한 과학자

　　근대 원자론의 기초를 확립한 영국의 화학자, 물리학자로, 컴벌랜드에서 태어났다. 그는 57년 동안 20만 회 이상 기상 관측을 하며 기상을 연구했다. 1793년 무역풍, 오로라, 기상 변동, 증발 등에 관한 내용을 정리한 최초의 저서 〈기상 관측 자료와 소론〉을 발표했다. 또, 자신이 색맹이라는 것을 알고 처음으로 과학적으로 색맹을 연구했다. 1800년에는 교수직을 떠나 수학, 과학 등을 가르치면서 평생을 연구에 전념했다.

　　돌턴은 기체에 관한 연구에도 몰두하여 1801년 이른바 '돌턴의 부분 압력의 법칙'을 발견했다. 이 법칙은 기체 혼합물의 전체 압력은 각 성분 기체의 부분 압력을 모두 합한 것과 같다는 내용이다. 이듬해에는 친구인 헨리와 공동 연구로 '물에 대한 기체의 용해도는 그 압력에 비례한다'는 '헨리의 법칙'을 밝혀 냈다.

　　또 화학에서의 원자론의 중요성을 인식해 각종 물질의 원자 무게를 정하는 방법을 고안했는데, 이를 정리하여 〈화학의 새로운 체계〉라는 책을 펴냈다. 그가 죽자 4만 명의 사람들이 장례식에 참석해 그의 죽음을 슬퍼했다.

교과서 살펴보기

중학 과학 3
3. 물질의 구성
① 물질의 구성 입자

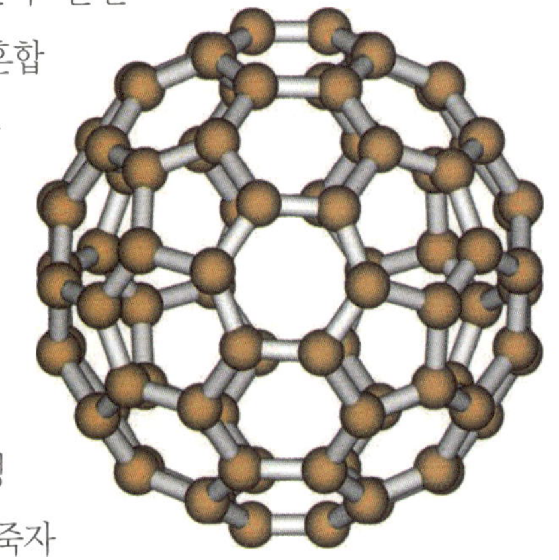

▲ 돌턴의 원자 기호

중학 국어 3-1
3. 독서와 사회
① 독서와 사회 · 문화의 만남

자는 자미, 호는 소릉이다. 허난 성의 궁 현에서 태어났다. 할아버지는 시인 두심언이다. 두보는 고대의 순수한 정신을 회복하여, 그것을 더욱 성숙된 기교로 표현함으로써 중국 시 역사에 한 시기를 이루었고, 그 이후 시의 전형으로 받아들여졌다. 중국 최고의 시인으로서 '시성' 이라 불렸으며, 이백과 함께 '이두' 라고도 불린다.

일상 생활에서 제재를 많이 따서, 널리 인간의 사실, 인간의 심리, 자연의 사실 가운데서 그 때까지 발견하지 못했던 새로운 감동을 찾아 내어 시를 지었는데, 표현에 심혈을 기울였다. 장편의 고체시는 주로 사회성을 발휘했으므로 시로 표현된 역사라는 뜻으로 '서사시' 라 불린다.

단시는 특히 율체에 뛰어나 엄격한 형식에다 복잡한 감정을 세밀하게 노래하여 이 시형의 완성자로서의 명예를 얻었다. 대표작으로 〈북정〉, 〈추흥〉, 〈삼리삼별〉 등이 있다. 그 밖에 〈두공부집〉 20권과 1,400여 편의 시, 그리고 소수의 산문이 전해진다.

▶ 두보가 성도에서 살던 옛 집(왼쪽)과, 두보 초당

도덕 6
6. 아름다운 사람들
10. 평화로운 지구촌

1828년 5월 8일 스위스 제네바에서 태어났다. 1859년 솔페리노의 격전지를 지나가다 수천 명의 부상자가 치료도 받지 못한 채 죽어 가는 모습을 본 뒤낭은 구호 활동에 뛰어들어 많은 부상자를 구해 냈다.

1862년 그 때의 경험을 〈솔페리노의 회상〉으로 출판, 전시의 부상자 구호를 위한 중립적 민간 국제 기구 창설의 필요성을 강력히 주장했다. 이 제안은 유럽 각국으로부터 큰 호응을 얻어 1863년 국제 적십자가 창립되고, 다음 해에는 적십자(제네바) 조약이 체결되었다. 1901년 박애 정신과 평화에 기여한 공로가 인정되어 제1회 노벨 평화상을 받았다.

적십자 운동의 아버지라고 불리며, 그의 생일인 5월 8일을 적십자의 날로 정하여 기념하고 있다.

▲ 앙리 뒤낭이 창설한 국제 적십자사

중학 과학 3
8. 유전과 진화
① 멘델의 유전 법칙

네덜란드 할렘에서 태어나 레이덴 · 하이델베르크 · 뷔츠부르크 대학 등에서 공부했고, 오랫동안 암스테르담 대학 식물학과 교수를 지냈다.

1886년 달맞이꽃의 야생 변종들이 재배종들과 상당히 다른 점에 주목하고 관찰과 추론이 아닌 실험에 의해 진화를 연구할 수 있다고 주장했다.

그는 달맞이꽃을 재배하면서 새로운 변종들이 무작위로 생기는 것을 발견했으며, 자연 선택에 의한 다윈의 종의 변이와는 달리 갑자기 일어나는 이러한 현상에 '돌연 변이' 라는 이름을 붙였다.

돌연 변이의 속성에 관한 연구를 〈돌연 변이설〉이라는 책으로 발표했고, 1892년 식물의 육종에 대한 연구 프로그램을 개발하기 시작하여 8년 후 멘델의 것과 같은 유전 법칙을 만들어 냈다.

그러나 문헌 조사를 하던 중 멘델이 1866년에 완두의 육종에 대해 발표한 논문을 발견하고 자신의 후속 논문들 속에서 최초의 유전 법칙 발견자는 멘델이라고 밝혔다. 비록 유전 현상의 현대적 개념과는 상당히 다르지만 그의 발견은 종의 변이에 관한 모호한 개념을 분명히 했다. 이로써 생물 진화에 관한 다윈의 학설이 받아들여지게 되었고, 이후 유전학과 진화론에 큰 영향을 끼쳤다.

중학 사회 2
4. 현대 세계의 전개
② 제2차 세계 대전과 전후의 세계

제2차 세계 대전 뒤 프랑스를 이끈 대통령이다. 프랑스의 북부 도시 릴에서 태어나 1913년 생시르 육군 사관학교를 졸업했다.

1927~1929년과 1936~1938년 독일의 라인란트에서 소령으로 복무하면서 독일의 침공 가능성과 프랑스군의 허술한 방비 상태를 알게 되었다.

제2차 세계 대전이 일어나 프랑스가 독일에 점령당하자 영국으로 망명해 프랑스 레지스탕스 운동(독일 점령군에 대한 저항 운동)의 지도자가 되었다. 해방이 되자 프랑스 해방군을 이끌고 파리로 들어왔다. 그 후 총리와 국방 장관을 지내고, 1947년 프랑스 공화국 연합이라는 당을 만들어 1953년까지 이끌었다. 1958년 대통령이 된 뒤 정부의 권한을 대폭 강화하고, 프랑스를 유럽의 중심 국가로 부상시키는 데 힘썼다.

아프리카 식민지를 독립 국가로 인정해 줌으로써 정국의 안정을 꾀했으며, 군대를 개편하고 독자적인 핵 억지력을 확보했다. 1965년 재선된 뒤 소련 · 동유럽 국가와의 교류 등으로 공산 진영과 협력 관계로 나아갔다.

그러나 드골의 권위적인 통치 방식과 오래 된 실업 문제가 국민의 불만을 샀다. 결국 드골은 1969년 실각했으며, 회고록 쓰기에 전념하던 중 심장마비로 사망했다. 저서로 리더십에 관한 의견을 담은 〈칼날〉과 군사 이론서 〈미래의 군대〉 등이 있다.

드보르자크 (Dvořák, Antonin Leopold : 1841~1904) 보헤미아 음악을 세계에 알린 작곡가

중학 음악 3
서양 음악의 역사

보헤미아(지금의 체코)의 프라하에서 태어났다. 아마추어 악단에 들어가 시골 무도회장의 바이올린 연주자로 지내다 프라하의 오르간 학교에 들어갔다. 졸업 후 극장의 오케스트라에서 비올라 연주자로 일하면서 작곡에도 힘을 기울였다.

1876년 소프라노·콘트랄토를 위한 〈모라바 2중창곡〉을, 1878년 피아노 2중주 〈슬라브 무곡〉을 지어 세계적인 명성을 얻었다. 1884년 영국을 처음 방문하여 〈성모 애가〉, 〈테 데움〉 등의 합창곡을 공연했고, 1890년에는 모스크바에서 연주회를 열어 큰 인기를 얻었다. 그 후 미국에 건너가 케임브리지 대학에서 명예 음악 박사 학위를 받았으며, 몇 년간 뉴욕의 국립 음악원 원장을 지냈다. 이 때 미국 민요와 흑인 영가의 음악적 요소에 착안해 〈신세계 교향곡〉을 지어 조국 보헤미아에 대한 사랑을 노래했다.

만년에는 여러 곡의 현악 4중주곡과 교향시 등을 작곡했다. 주로 체코와 미국의 민속적인 정서가 깃들어 있는 드보르자크 음악의 매력은 풍부한 선율과 마음을 훈훈하게 하는 소박함에 있다. 특히 고국을 떠나 방랑하는 보헤미안(보헤미아에 머물던 유랑 민족)의 정서를 담은 곡들을 지음으로써 보헤미아 음악이 세계에 알려지게 했다. 그 밖의 작품으로 〈첼로 협주곡〉, 〈유모레스크〉, 〈루살카〉 등이 있다.

▲ 작곡가 드보르자크 동상

디킨스 (Dickens, Charles : 1812~1870) 〈올리버 트위스트〉와 〈크리스마스 캐럴〉의 작가

중학 국어 3-1
3. 독서와 사회
① 독서와 사회·문화의 만남

영국의 포츠머스에 태어나 런딘으로 이사해 살았다. 디킨스는 집안이 가난하여 학교에 거의 다니지 못했으며, 12세 때부터 공장 일을 하고 구두를 닦았으며 살림을 도와야 했다. 하지만 그는 "구두를 닦는 게 아니라 희망을 닦고 있다."고 말할 정도로 늘 가슴에 꿈을 품고 모험 이야기나 동화, 소설 등을 즐겨 읽었다.

변호사 사무실 사환, 법원 속기사를 거쳐 신문사 통신원이 되었다. 통신원으로 일하면서 쓴 풍속에 관한 이야기를 모아 1837년 〈피크위크 클럽의 기록〉이라는 책으로 펴내면서 작가의 이름을 얻었다.

이듬해 내놓은 〈올리버 트위스트〉는 고아원에서 자란 소년 올리버가 역경을 딛고 행복을 찾아가는 과정을 그린 소설로 대중들에게 폭발적인 인기를 끌었다. 그 후 〈니콜라스 니클비〉, 〈골동품 상점〉, 〈크리스마스 캐럴〉 등 당시 사회의 모순을 유머를 섞어 날카롭게 비판하는 소설을 썼다.

그 중 〈크리스마스 캐럴〉은 구두쇠 영감이 크리스마스이브에 꾼 꿈을 통해 자신이 얼마나 욕심 많고 몰인정한 사람인지 깨닫게 되는 이야기로, 당시 자본주의 사회에 대한 풍자를 담고 있다. 그 밖에도 디킨스는 역사 소설과 수많은 수필을 썼다. 그런 한편 잡지사 경영, 자선 사업 참여, 연극 상연 등으로 쉴새없이 바쁜 나날을 보내다 세상을 떠났다.

중학 과학 3
3. 물질의 구성
① 물질의 구성 입자

라부아지에의 과학 연구에 대한 관심과 열정은 수많은 업적을 이룩하게 했다. 당시까지 사람들이 믿고 있던 물질은 흙, 물, 공기, 불로 이루어져 있다는 아리스토텔레스의 '4원소설'을 뒤엎었으며, 물이 수소와 산소의 화합물이라는 사실을 실험을 통해 밝혀 냈다. 새로운 연소 이론을 주장했으며 또한 연소 개념을 모든 화학 반응으로 확장시키는 업적을 남겼다. 그 밖에 물질은 없어지거나 생기지 않고 보존된다는 '질량 보존의 법칙', 공기는 두 종류의 기체로 되어 있는데, 하나는 연소와 호흡에 쓰이고, 다른 하나는 유독 기체(질소 가스)라는 점도 밝혔다. 그의 업적은 여기에서 그치지 않고 화학을 체계적으로 정리한 〈화학 교과서〉를 펴내고, 〈화학 명명법〉에서는 우리가 현재 사용하는 화학 용어를 만듦으로써 근대 화학의 기초를 다졌다.

그러나 프랑스 대혁명 때 세금 징수인으로 고발되어 형장의 이슬로 사라졌다. 수학자 라그랑주는 "그의 목을 자르는 것은 순식간이지만, 그와 같은 두뇌가 출현하는 데는 100년 이상이 걸린다."라는 말로 그의 죽음을 안타까워했다.

▲ 라부아지에와 그의 아내

중학 수학
일차함수, 이차함수

독일 남동부에 있는 라이프치히에서 태어났다. 아버지는 라이프치히 대학의 철학 교수였다. 15세 때인 1661년부터 라이프치히 대학에서 법률과 철학을 공부했고, 1667년 뉘른베르크의 알트도르프 대학에서 박사 학위를 받은 뒤 마인츠 선제후의 법률 고문으로 일했다. 이때 형이상학을 연구하는 한편, 런던과 파리의 뛰어난 수학자 · 물리학자들과 만나면서 자연 과학을 연구했다. 그 뒤 독일 서북부에 있는 하노버로 가서 하노버 가의 궁정 고문과 도서 관리 등의 일을 맡아 했다. 이 때부터 죽을 때까지 그의 이름을 영원히 빛나게 한 수학과 자연 과학, 그리고 철학 연구를 계속했다.

그는 지질학을 연구하여 최초의 지구는 용해 상태였다는 가설을 제시했다. 또 미적분법의 기초를 세우고, 2진법 체계를 완성하여 수학의 발전에 크게 기여했다. 1686년 형이상학 체계를 서술한 〈형이상학 서설〉을 펴냈으며, 1714년에는 〈모나드론〉을 발표했다. 〈모나드론〉에서는 우주가 수없이 많은 모나드(넓이나 형체가 없으며, 무엇으로도 나눌 수 없는 궁극적인 실체)로 구성되어 있으며, 우주의 질서는 신의 예정 조화 속에 있다는 '예정 조화설'을 전개했다.

그는 철학, 자연 과학, 수학, 법학, 신학 등의 학문을 깊이 연구하여 서구 문명에 큰 영향을 끼친 위대한 학자이자 사상가였다.

이탈리아 우르비노에서 화가이자 지성인인 조반니 산티의 아들로 태어났다. 조반디 산티는 아들에게 그림의 기초는 물론 궁정의 인문주의 철학을 가르쳤는데, 이를 통해 라파엘로는 과거의 문화적 유산과 16세기를 내다보는 새로운 사상들을 배울 수 있었다. 당시 우르비노는 많은 예술가들이 앞다투어 모여드는 문화의 중심지였으며, 라파엘로는 그러한 토양 위에서 여러 예술가들의 영향을 받으며 이미 17세의 나이에 그림에서 남다른 재능을 발휘했다.

1504년 그는 피렌체로 이주했다. 피렌체는 그에게 좀더 넓고 새로운 지평을 열어 주었다. 그 곳에는 당대의 거장 레오나르도 다 빈치와 미켈란젤로가 활발하게 활동하고 있었는데, 라파엘로는 그들에게서 큰 영향을 받았다. 라파엘로의 〈마돈나〉 연작은 다 빈치의 흔적이 엿보이는데, 다 빈치의 명암 대조법(자연광이나 고정된 광원으로 인해 생긴 밝음과 어둠의 강렬한 대조)을 알맞게 이용했고, 특히 스푸마토(선 대신 극도로 섬세하고 부드러운 음영을 이용하여 형태나 이목구비의 윤곽을 나타내는 기법)에서 많은 영향을 받았다. 그러나 라파엘로는 다 빈치를 능가하는 새로운 인물 유형을 창조했다. 또한 미켈란젤로에게서는 선의 움직임을, 바르톨로메오에게서는 장대한 화면 구성을 배웠다.

라파엘로는 1508년 말경 교황 율리우스 2세의 부름을 받고 로마로 가 짧은 생애의 마지막 10여 년을 그 곳에서 보냈다. 그는 정력적으로 그림을 그렸고, 많은 사람들로부터 찬사를 받았다. 바티칸 궁에 프레스코화 〈성체에 관한 논쟁〉과 〈아테네 학당〉 등을 그리고, 미켈란젤로의 뒤를 이어 시스티나 예배당의 천장화를 마무리지었다. 특히 〈아테네 학당〉은 르네상스 양식의 건축물을 배경으로 플라톤과 아리스토텔레스가 과거와 현재의 철학자들에게 둘러싸여 있는 모습을 그리고 있는데, 이것은 속세의 지식 또는 철학을 복잡하게 그려 낸 알레고리이며, 플라톤의 사상이 역사적으로 계속 이어져 오고 있음을 보여 준다.

한편 건축에도 손을 대어 브라만테의 뒤를 이어 성 베드로 대성당을 짓는 데 관여했고, 바티칸 궁의 로지아(한쪽만 벽이 있는 복도)를 장식하는 일도 맡았다. 또 로마의 유물을 관리하는 책임자로 임명되었으며, 로마의 고고학 지도를 그리기도 했다. 레오나르도 다 빈치, 미켈란젤로와 함께 이탈리아 르네상스 황금 시대를 이끌었던 라파엘로는 37세 생일에 갑작스럽게 세상을 떠났다. 많은 사람들의 애도 속에 그의 유해는 로마의 판테온에 묻혔다.

▲ 〈마돈나〉

▲ 〈아테네 학당〉

중학 사회 2
4. 현대 세계의 전개
① 제1차 세계 대전과 전후의 세계

볼가 강변의 심비르스크에서 교사의 막내아들로 태어났다. 본명은 울리야노프이고, 1902년부터 필명으로 레닌이라는 이름을 쓰기 시작했다. 그는 1887년에 황제 알렉산드르 3세의 암살 계획에 가담했다가 처형당한 형 알렉산드르의 영향으로 일찍이 혁명 운동에 참가했다.

카잔 대학에서 법학을 공부하면서 널리 확산되던 마르크스주의의 신봉자가 되어 러시아 사회 민주 노동당의 건설에 전념했다. 1897년 혁명 활동으로 체포되어 3년간의 감옥 생활 후 스위스로 망명했다.

1903년 러시아 사회 민주 노동당이 분열되면서 레닌은 다수파인 볼셰비키의 지도자가 되어 1905년 1차 러시아 혁명 기간 동안 혁명을 지도했으나 실패, 다시 스위스로 돌아갔다.

제1차 세계 대전 기간 중인 1917년에 러시아에서 2월 혁명이 일어나자 고국으로 돌아가 볼셰비키 주도 아래 사회주의 혁명을 성공시키고, 소비에트 정부를 수립했다. 주요 저서로 〈국가와 혁명〉 등이 있다.

▲ 러시아 혁명의 불씨가 된 '피의 일요일 사건'

중학 사회 2
4. 현대 세계의 전개
① 제1차 세계 대전과 전후의 세계

레셉스는 지중해와 홍해, 인도양을 잇는 수에즈 운하를 건설한 사람으로, 프랑스 파리 근교의 베르사유에서 외교관의 아들로 태어났다.

20세에 외교관이 된 레셉스는 1832년부터 이집트의 알렉산드리아에서 근무했는데 이 때 나폴레옹의 명령으로 프랑스의 기술자인 르페르가 작성한 '수에즈 운하 계획서'를 보게 되었다. 유럽에서 아시아로 가는 데 아프리카 남쪽을 돌지 않고 가면 6천 킬로미터나 단축할 수 있는 엄청난 이익을 안겨 주는 공사 계획이었지만 나폴레옹은 손조차 대지 못하고 있었다.

레셉스는 공사에 필요한 자료를 모으고 현지 조사도 하는 등 열심히 연구했다. 1849년 에스파냐 대사를 마지막으로 외교관 생활을 접고 1854년 이집트에서 공사 계획을 허가받아 40만 주의 주식을 모집하여 2억 프랑의 자금도 모금하는 데 성공했다. 1859년 공사를 시작하여 온갖 어려움 끝에 10년 만인 1869년 길이 160킬로미터, 폭 22미터, 깊이 8미터의 운하를 완공했다.

▲ 수에즈 운하의 개통 장면

교과서 살펴보기

미술 5
12. 우리 나라와 다른 나라 미술

네덜란드의 헤이그 북쪽에 있는 레이덴에서 부유한 제분업자의 아들로 태어났다. 아버지의 뜻에 따라 레이덴 대학에 들어갔으나, 그림 공부를 하기 위해 학교를 그만두었다. 그 후 레이덴의 화가 스바넨부르크 밑에서 그림을 배우고, 암스테르담에서 라스트만의 제자가 되었다. 1624년에는 레이덴으로 돌아와 친척, 이웃 노인, 성서 등을 소재로 꾸준히 그림을 그리면서 서서히 명성을 얻었다.

그는 1631년 말에 수도인 암스테르담으로 이사했다. 이듬해 암스테르담 의사 조합으로부터 주문 받은 〈툴프 박사의 해부학 강의〉가 호평을 받으면서 암스테르담에서 자리를 잡고, 명문가의 딸 사스키아와 결혼했다. 〈툴프 박사의 해부학 강의〉는 기존의 단체 초상화가 사람 얼굴을 순서에 따라 한 줄로 배열한 규칙에서 벗어난 것으로 유명하다. 피라미드 구조와 뚜렷한 명암 대비, 다양하고 풍부한 사람들의 표정이 강의 분위기를 생생하게 전달하는 작품으로 평가된다.

그는 결혼 후 부인인 사스키아를 즐겨 그렸는데, 사스키아는 세 아이를 잃은 뒤 그의 유일한 혈육인 아들 티투스를 낳고 이듬해 죽고 말았다. 또 그 즈음 그렸던 그의 대표작 〈프란스 반닝 코크 대위가 중위에게 시민 사수대의 출발 명령을 하달하다〉는 당시 유행하던 단체 초상화에 만족하지 않고, 그만의 특유한 명암 효과를 사용하여 대담한 극적 구성을 시도했으나 사람들에게 인정 받지 못했다. 렘브란트는 절망에 빠졌지만, 아들인 티투스와 새로운 부인 헨드리케의 도움으로 다시 작품 활동을 할 수 있었다. 그 후 〈돌아온 탕아〉 등 유행을 타지 않는 그만의 독특한 예술 세계를 꽃피웠다. 그러나 헨드리케와 아들 티투스가 먼저 죽자, 그도 1669년 암스테르담의 초라한 집에서 혼자 쓸쓸히 죽었다.

렘브란트의 작품은 유화·에칭 소묘·종교화·신화화·초상화·풍경화·풍속화·정물화 등 모든 분야에 걸쳐 있으며, 남긴 작품의 수도 많은 것으로 알려져 있다. 가장 두드러진 작품의 특징은 빛의 효과를 최대한 활용하여 색채와 명암의 대조를 강조한 것이다. 그래서 그는 지금도 '빛의 화가', '명암의 화가' 라 불린다.

▲ 〈돌아온 탕아〉

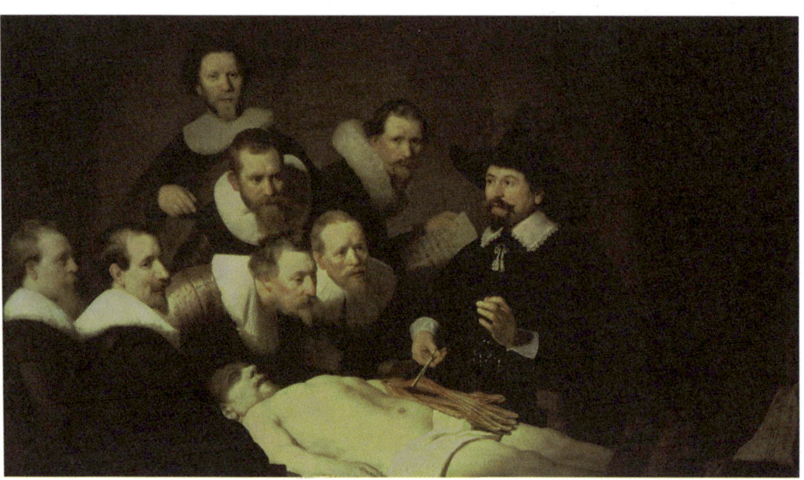

▲ 〈툴프 박사의 해부학 강의〉

미술 5
12. 우리 나라와 다른 나라 미술

▲ 〈입맞춤〉

파리 뒷골목 알베르 거리에서 하급 공무원의 아들로 태어났다.

어릴 때 특별한 재능을 보이지 않았지만 미술에 소질이 있다고 생각한 아버지가 14세 때 국립 공예 실기 학교에 입학시켰다. 이 학교에 들어가면서부터 로댕은 딴사람이 된 듯, 조각 공부에 열중하기 시작했다.

1857년부터 3년에 걸쳐 국립 미술 전문 학교 입학 시험에 응시했지만 번번이 낙방했다. 1861년에는 아버지가 퇴직했기 때문에 생활비를 벌기 위해 갖가지 부업을 하면서 밤에는 작품을 만들었다.

1862년 누이의 사망에 충격을 받고 수도원에 들어갔으나, 에마르 신부의 설득으로 작업장에 돌아왔다.

1864년 살롱에 처음 출품한 〈코가 망그러진 사나이〉는 그 생생한 사실적인 묘사가 심사위원들에게 거부감을 주어 낙선했다. 이 시기부터 생활을 위해 건축 장식업에 종사하다가, 1870년 프로이센-프랑스 전쟁에 참가한 후 제대하여 벨기에의 브뤼셀로 떠났다. 이 곳에서 약 7년간 건축 장식 직공으로 일하면서 유럽 각지와 이탈리아를 여행했다. 특히 1875년의 이 탈리아 여행은 로댕의 그 후 작품 활동에 커다란 영향을 끼쳤다.

1878년 파리에 돌아와 벨기에 체재 중에 제작한 〈청동시대〉를 출품했다. 이 작품은 당시의 조각상들과 달리 매우 사실적인 표현 때문에 살아 있는 사람의 몸에 틀을 떠서 만든 것이 아니냐는 비난을 받으면서 세간의 주목을 끌었다. 〈청동시대〉는 로댕 예술의 출발점이며, 그의 사실적 표현의 완성이라고 할 수 있는 걸작이었다.

▼ 〈생각하는 사람〉

1880년에 이 작품은 재인식되어 살롱에서 3등상을 받고 국가에서 사들였다. 이와 동시에 로댕은 미술국 차관 체르케로부터 파리 장식 미술관의 현관 장식품 제작을 의뢰 받았다.

그의 조각은 이 때부터 〈청동시대〉의 사실적 표현에 만족하지 않고 내면의 깊이가 더해진 생명력 넘치는 표현으로 바뀌기 시작했다. 장식 미술관을 위한 대작의 모티프를 단테의 〈신곡〉 '지옥편'에서 얻은 영감에 두고 〈지옥의 문〉 제작에 착수했다.

그 후 〈생각하는 사람〉, 〈아담과 이브〉, 〈칼레의 시민〉, 〈발자크 상〉 등을 통해 다채롭고 활발한 활동을 했다.

그의 작품은 날카로운 사실적 기법을 구사하여 희로애락의 감정과 인간의 내면에 깃든 생명의 약동을 표현했다는 평가를 받고 있다.

중학 사회 2
2. 서양 근대 사회의 발전과 변화
② 시민 혁명과 시민 사회의 성립

로베스피에르는 프랑스 북부 아라스에서 태어났다. 일찍 어머니를 여읜 그는 외조부모 손에서 자라났다. 파리의 루이르그랑 대학에 장학생으로 들어가 철학과 법률에서 뛰어난 성적을 보였으며, 졸업 후 고향으로 돌아와 변호사가 되었다.

1789년 삼부회 의원에 당선되면서 정치 활동을 시작했고, 프랑스 혁명이 일어나던 해에 자코뱅당에 가입했다.

1791년 루이 16세가 바렌으로 도망친 것을 계기로 입헌 왕정파가 자코뱅당에서 탈퇴했을 때도 그는 그대로 남아 당의 재건에 힘써 사실상 지도자가 되었고, 이후에는 파리코뮌으로부터도 대표로 추대되기도 했다. 이어 4월 우파인 당통파를 일소하여 독재 체제를 완성했으나, 7월 27일 부르주아 공화파를 중심으로 하는 의원들의 반격을 받고, 28일 생쥐스트 등과 함께 처형되었다.

로베스피에르의 사회적 이상은 극단적인 부의 불평등을 줄이고 소소유자(小所有者) 계급의 수를 늘리며 모든 사람에게 직장과 교육을 보장해 주는 것이었다.

그가 죽은 후 많은 사람들이 그를 비난하고, 그의 업적을 깎아 내렸지만 시간이 흐르면서 그에 대한 평가는 달라졌다. 로베스피에르는 그 시대의 아들이자 계몽주의의 소산이었으며 애국자였고 책임감과 희생 정신을 지닌 인물로서 오늘날까지 상당한 영향력을 미치고 있다.

중학 사회 2
2. 서양 근대 사회의 발전과 변화
① 서양 근대 사회의 시작

영국에서 태어나 엄격한 도덕과 규율을 강조하는 청교도 집안에서 자랐다. 대학에서는 수사학, 철학, 문법 같은 전통적인 교과목 대신 실험 과학이나 약학 등에 관심을 가졌다. 1666년 옥스퍼드에 갔다가 당시 과감하고 정력적인 정치가로 알려진 애슐리를 비롯하여 의사, 신학자 등 다양한 사람들을 만나며 철학, 과학에 대한 토론을 벌였다.

그는 진리란 오직 경험과 반성을 통해서만 얻을 수 있으며, 또 자연 과학자야말로 진정한 철학자라고 믿었다. 이러한 생각을 정리하여 1690년 〈인간 오성론〉이라는 책을 펴냈다. 그의 정치 철학이 나타난 책으로는 〈통치 이론〉을 들 수 있다. 그는 이 책에서 통치자의 권력이 항상 옳은 것은 아니며, 정부가 제 역할을 못할 경우 언제든 정부에 맞서 싸울 권리가 있다는 사회 계약설을 주장했다.

교육에도 관심이 많았던 그는 암기 위주의 교육법을 비판하고 개인의 소질을 발전시켜야 한다고 주장했으며, 라틴 어, 역사, 수학뿐 아니라 철학과 자연 과학 등의 지식을 두루 쌓아야 한다고 강조했다.

지식의 힘을 강조했다는 점에서 그는 최초의 계몽주의 철학자였다. 말년에는 책을 쓰는 데 힘써 자신의 교육 이론을 담은 〈교육에 대한 몇 가지 견해〉 등을 펴냈다. 미국 헌법에 정신적 기초를 제공한 사상가로도 유명하다.

뉴욕 주 리치포드에서 가난한 행상인의 아들로 태어났다. 14세에 오하이오 주의 클리블랜드로 이사 가 고등학교를 졸업한 뒤 농산물 도매 회사에 서기로 취직했다. 19세에는 나중에 '클라크 록펠러 회사' 로 발전하게 될 농산물 도매상을 했다.

1862년 가볍게 시작한 클리블랜드의 정유 공장이 크게 발전하자 1870년에는 여러 석유 회사를 합쳐 23세의 젊은 나이에 자본금 100만 달러의 '오하이오 스탠더드 석유 회사' 의 사장이 되었다.

1882년에는 미국 내 정유소의 95%를 지배하는 '스탠더드 오일 트러스트' 를 설립했으나 1911년 반트러스법 위반으로 미국 연방최고재판소로부터 해산 명령을 받고 재계에서 물러났다. 이후에는 시카고 대학 설립을 위해 재산을 기부하고 록펠러 재단, 일반 교육 재단, 록펠러 의학 연구소 등을 설립하는 등 자선사업에 몰두했다.

▲ 뉴욕 록펠러 센터에 있는 아틀라스 동상

프로이센의 렌네프에서 비교적 넉넉한 사업가의 아들로 태어났다. 어린 시절은 전쟁을 피해 네덜란드의 아펠두른에서 보내고 스위스의 취리히 대학에서 수학과 화학을 공부했는데 이 때 만난 쿤트 등의 훌륭한 학자들의 영향을 받아 평생 연구를 하며 살겠다는 결심을 했다. 31세에 슈트라스부르크 대학의 교수가 되어 당시 여러 학자들에 의해 진행되던 음극선, 즉 방사선에 대한 연구에 참가했다. 그는 세심한 주의력과 철저한 관찰로 여러 가지 물체에 대해 큰 투과력을 지닌 방사선의 존재를 확인하여 다른 방사선과 구분하기 위해 엑스선이라 이름 붙였다.

엑스선 발견은 물리학의 새로운 장을 열었으며, 뢴트겐은 이 발견으로 1901년 첫 노벨 물리학상 수상자가 되었다.

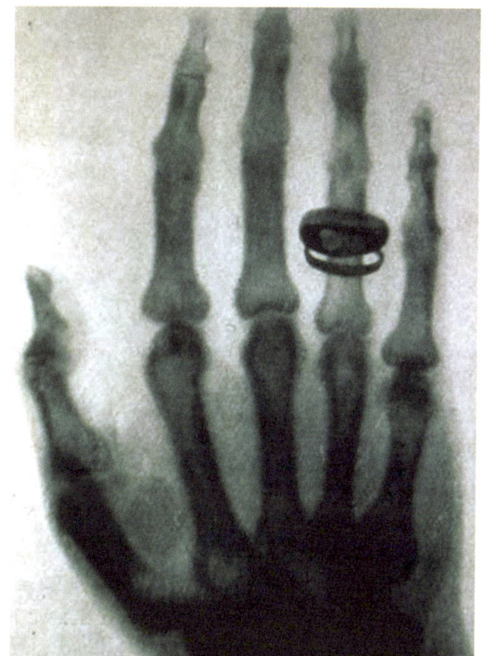

▲ 1896년 1월 뢴트겐이 엑스선으로 촬영한 동물학자 쾰리커의 손

스위스 제네바에서 가난한 시계공의 아들로 태어났다. 어머니는 루소를 낳다가 죽고, 10세 때 아버지마저 집을 나가 버리자 친척 집에 맡겨졌다. 16세 때 제네바를 떠나 이리저리 떠돌아다니다 고국에 돌아와 나이 차이가 많이 나는 귀족 부인인 바랭과 살면서 철학, 정치, 과학, 음악 등의 교양을 쌓았다. 1742년 파리에서 디드로 등과 친교를 맺고, 진행 중인 〈백과전서〉의 간행에도 협력했다. 1749년 디종의 아카데미 현상 논문에 당선한 〈학문과 예술론〉을 출판하여 사상가로서 인정 받게 되었다. 그 뒤 〈인간 불평등 기원론〉, 〈정치 경제론〉, 〈언어 기원론〉 등을 쓰면서 자신의 위치를 확고히 했다.

서간체 연애 소설 〈신 엘로이즈〉, 인간의 자유와 평등을 논한 〈사회 계약론〉, 소설 형식의 교육론 〈에밀〉 등의 대작을 차례로 출판했는데, 〈에밀〉이 출판되자 파리 대학 신학부가 이 책의 사상이 위험하다고 고발, 스위스·영국 등으로 도피 생활을 하며 자전적 작품 〈고백록〉을 집필했다.

1768년 파리에 정착한 루소는 정신적 고통에 시달리면서 자기 변호를 위한 〈루소, 장자크를 재판한다〉를 쓰고, 〈고독한 산책자의 몽상〉을 쓰기 시작했으나 완성하지 못하고 죽었다. 그가 죽은 지 11년 후 프랑스 혁명이 일어났는데, 그의 자유 민권 사상은 혁명 지도자들의 사상적 기반이 되었다.

교과서 살펴보기

중학 사회 2
2. 서양 근대 사회의 발전과 변화
① 서양 근대 사회의 시작
중학 도덕 2
1. 사회 생활과 도덕
② 현대 사회와 시민 윤리

자는 위차이이고, 본명은 저우수런이며, 루쉰은 그의 필명이다. 중국의 저장 성 사오싱의 지주 집안에서 태어난 그는 어릴 때 서당에서 역사서나 유교 경전을 배우는 한편 그림책을 보거나 베끼는 것을 좋아했다. 그러나 16세 때 폐결핵으로 사망한 아버지의 오랜 투병 생활로 인해 힘든 어린 시절을 보내야 했다.

1898년 난징의 강남 수사 학당에 입학해 신학문을 공부했으며, 1902년 일본으로 건너가 홍문 학원을 거쳐 센다이 의학 전문 학교에 들어갔다. 그러나 2년째 되던 해 그만두고 문학 공부에 전념했다. 그 무렵 망명 중인 청나라 말기의 혁명가이자 학자인 장빙린의 문하에서 공부했다. 1909년 귀국하여 교편을 잡았으며, 1911년 신해혁명 뒤에는 신정부의 교육부원을 지냈다. 1918년 처녀작 〈광인일기〉에 이어 〈공을기〉, 〈축복〉, 〈고향〉 등을 발표하여 중국 근대 문학을 확립했다.

1921년에 발표한 그의 대표작 〈아큐정전〉은 자신의 어리석음과 약함을 모르고 잘난 체하던 주인공 아큐가 신해혁명 때 들뜬 기분에 날뛰다가 폭도로 몰려 총살된다는 내용으로, 중국 민족의 허약성과 신해혁명의 본질을 날카롭게 풍자한 작품이다.

루신은 문학으로 중국인들의 정신을 일깨우고자 했다. 민족적 자존심과 중국의 현실에 대한 타협 없는 비판 정신, 이것이 곧 루쉰 문학의 정신이었다.

교과서 살펴보기

중학 국어 2-1
1. 감상하며 읽기
① 문학 작품의 감상
중학 국어 3-1
3. 독서와 사회
① 독서와 사회·문화의 만남

루스벨트 (Roosevelt, Franklin D. : 1882~1945) 뉴딜 정책으로 유명한 미국의 제32대 대통령

네덜란드에서 이민 온 조상을 둔 뉴욕의 부유한 집안에서 태어났다. 하버드 대학을 졸업하고 다시 컬럼비아 대학에서 법률을 공부하여 변호사가 되었다. 1910년 뉴욕 주 상원 의원에 당선되었으며, 월슨 대통령의 해군 차관보에 임명되어 제1차 세계 대전 당시 큰 업적을 쌓았다. 1920년에 대통령 선거에 나갔으나 공화당 후보에 패배했다. 이듬해 갑자기 열과 통증에 시달리다 결국은 소아마비가 되었으나 강한 의지로 건강을 회복하여 1932년에는 마침내 대통령에 당선되었다.

이 무렵 경제 대공황이 밀어닥쳤는데 이 위기를 극복하기 위해 그는 이른바 '뉴딜 정책'을 발표하고 금융 제도와 산업의 통제, 농업의 구제, 공공 개발 사업의 촉진 등의 정책을 폈다. 그 성공으로 경제가 안정을 찾아 1936년 대통령 선거에서 재선되고, 1940년에는 3선에 성공했다. 1939년 제2차 세계 대전으로 미국도 전쟁에 참가하여 연합국의 승리에 이바지하고 그는 미국 최초로 4선 대통령이 되었다.

▲ 뉴딜 정책의 하나로 시행된 테네시 강 유역 개발 공사

교과서 살펴보기

중학 국사
10. 대한 민국의 발전
① 대한 민국 정부의 수립

중학 사회 2
4. 현대 세계의 전개
② 제2차 세계 대전과 전후의 세계

루이 14세 (Louis XIV : 1638~1715) 절대 왕정을 대표하는 프랑스의 왕

루이 대왕 또는 태양왕이라고 부르며, 재위 기간은 1643~1715년이다. 아버지인 루이 13세가 죽자 5세 때 왕위에 올라 총리인 쥘 마자랭의 보필을 받았다.

1661년 마자랭이 죽자 루이 14세는 친정을 하겠다는 뜻을 밝히고, 행정 제도를 개편했다. 그는 "짐은 곧 국가이다."라고 말할 정도로 절대적인 권력을 잡고 국민을 통치하는 절대 왕정을 펴 나갔다.

그는 콜베르를 등용하여 상공업에 힘쓰는 한편 궁전을 베르사유로 옮겨 지었다. 베르사유 궁전은 그 섬세한 양식과 아름다움으로 유럽 문화의 중심이 되어 프랑스의 위상을 드높여 주었다. 루이 14세는 또 플랑드르 전쟁, 네덜란드 전쟁 등을 일으켜 영토를 넓히고, 프랑스를 유럽 제일의 군사 대국으로 만들었다.

그 후 루이 14세는 자신을 신의 대행자라 하며 왕권 신수설(왕권은 신이 부여한 것이며, 국민은 왕에게 절대 복종해야 한다는 정치 이론)을 주장했다. 그리고 하나의 국가에 하나의 종교를 주장하며 1685년에는 신교도들에게 신앙의 자유를 허락했던 낭트 칙령을 파기했다. 그러자 상공업에 종사했던 신교도들이 외국으로 빠져 나가 버림으로써 나라의 재정이 어려워졌다. 루이 14세의 독단적인 정치에 국민들의 불만은 높아 갔다. 이것은 훗날 프랑스 혁명의 한 원인이 되었다.

교과서 살펴보기

중학 사회 2
2. 서양 근대 사회의 발전과 변화
① 서양 근대 사회의 시작

마르틴 루터는 아이슬레벤에서 신앙심이 깊은 부모에게서 태어났다. 광부에서 시작하여 작은 광산을 소유하게 된 아버지는 루터를 법률가로 키우고자 에르푸르트 대학에 입학시켰으나, 루터는 반대를 무릅쓰고 아우구스티누스 수도회에 들어가 엄격한 수행 생활을 계속했다. 27세에 로마 교황청을 방문했으나 그들의 타락한 모습에 크게 실망했다.

당시 로마 교황청은 죄를 사해 주는 대가로 '면죄부'를 팔아 교회 재정을 불리고 있었다. 이에 루터는 죄를 용서하는 것은 하느님과 신앙의 힘뿐이라는 것을 천명한 '95개 항목의 의견서'를 발표했는데 이것이 종교 개혁의 출발이 되었다.

루터는 1521년 신성 로마 제국의 국회에 불려 나가 이단적 주장을 취소하라는 강요를 당했으나 거절하고 바르트부르크 성에 숨어 지내며 성서를 독일어로 번역했다. 때마침 발명된 인쇄술 덕분에 이 성서가 널리 보급되어 종교 개혁은 더욱 강한 힘을 얻었고, 그 결과 유럽에는 개신교 교회가 탄생했다.

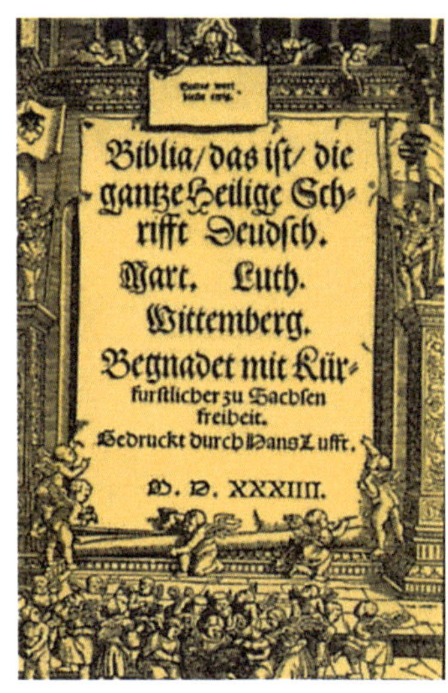

▲ 루터가 번역한 〈성서〉

형 이름은 오귀스트, 동생은 루이이다. 형제는 프랑스의 동부 브장송에서 태어나 뒤에 사진 작가인 아버지를 따라 프랑스의 남동부 리옹에 정착했다. 두 소년은 학창 시절부터 과학 과목에 재능을 나타냈다.

루이는 사진 필름을 연구했는데, 18세 때 연구 성과가 나타나자 아버지의 도움을 받아 사진 건판 생산 공장을 세워 크게 성공했다. 1894년 무렵 형제는 연간 약 1500만 개의 사진 건판을 생산했다. 그 해 파리에서 열린 에디슨의 활동 사진 영사기 전시회에 초청 받은 아버지가 돌아와 그 기계를 오귀스트와 루이 형제에게 설명해 주었다. 이 때부터 형제는 움직이는 그림과 영사를 합성하는 문제를 연구하기 시작했다. 마침내 1895년 형제는 시네마토그래프를 발명했다. 이 기계는 세계 최초의 영사기 겸 영화 촬영기로 1초에 16토막의 속도로 촬영과 영사를 동시에 할 수 있는 장비였다. 그 해 12월 이 기계를 이용하여 파리에서 영화를 상영, 대중의 갈채를 받았다. 이 때 상영한 영화는 〈뤼미에르 공장을 나서는 노동자들〉로 세계 최초의 영화로 기록되었다.

이후 영화는 비약적으로 발전하여 오늘날 영화의 황금기를 구가하기에 이르렀다. 형제는 1903년에 3색 컬러 사진도 발명했다.

▲ 영화 〈기차의 도착〉의 한 장면

르누아르 (Renoir, Pierre-Auguste : 1841~1919) 인상파를 대표했던 화가

미술 5
12. 우리 나라와 다른 나라 미술

프랑스의 리모주에서 태어났다. 13세 때 공장에 들어가 도자기에 그림 그리는 일을 했다. 이 때 색채에 대한 감각을 익히고, 틈날 때마다 루브르 미술관을 다니며 화가의 꿈을 키웠다. 1862년 국립 미술 학교 야간부에 들어가 소묘와 해부학을 배웠고, 스위스의 화가 글레르의 화실에서 교습을 받았다. 그 무렵 모네, 세잔 등 인상파 화가들과 어울렸다. 이들은 검은색이 섞인 어두운 분위기의 전통 양식에서 벗어나 반짝이는 색채로 가득한 현실을 생동감 있게 표현하려고 노력했다. 1880년대 초에는 알제리와 이탈리아 등을 여행하면서 라파엘로의 그림을 보고 고전주의에 매력을 느꼈고, 그 동안 꺼려 왔던 검은색이 오히려 주변을 더 돋보이게 한다는 걸 깨달았다. 결국 그는 인상파에서 더 나아가 파격적인 색채와 터치로써 꽃과 어린이, 여인 등을 그리는 데 집중했다. 주요 작품에 〈물랭 드 라 갈레트〉, 〈샤토에서 뱃놀이를 하는 사람들〉, 〈피아노 치는 소녀들〉, 〈목욕하는 여인들〉 등이 있다.

▲ 〈피아노 치는 소녀들〉

리치 (Ricci, Matteo : 1552~1610) 〈천주실의〉를 쓴 예수회 선교사

중학 사회 2
3. 아시아 사회의 변화와 근대적 성장
① 동아시아의 근대적 성장

이탈리아 중부 마체라타의 귀족 가문에서 태어났다. 중국 이름은 이마두이다. 아버지는 약사였지만 한때는 마체라타 시장을 지내기도 했다. 어머니는 소박하고 신앙심이 깊은 인물이었다. 집에서 기초 과정을 공부한 뒤 1561년 예수회 성직자들이 세운 학교에 들어가 공부했다. 16세 때에는 법률을 공부하기 위해 로마로 갔다가 예수회의 수도 생활이 마음에 들어 1571년 예수회에 가입했다.

그 뒤 당대의 대수학자 클라비우스에게 수학·천문학 등을 배운 다음, 중국 선교의 뜻을 품고 1582년 마카오에 가서 중국어를 공부했다. 1583년 명으로부터 광동성에 머물러도 좋다는 허락을 받고 선교를 시작했다. 1601년에는 베이징으로 들어갔다.

그 때 자명종과 대서양금(피아노의 전신) 등을 명 황제에게 선물했는데, 황제는 크게 기뻐하며 그를 베이징에 머물도록 배려해 주었다. 이에 선무문 근처에 집을 구하여 선교의 근거지로 삼았다.

그는 유클리드의 〈기하원본〉, 세계 지도 위에 설명을 덧붙인 〈곤여만국전도〉 등을 중국어로 번역, 배포했다. 이는 중국 지식인층의 관심을 끌어 서광계 등 고위 관리들을 전도하는 데 도움이 되었다. 그가 저술한 가톨릭 교리서인 〈천주실의〉는 한국의 천주교 성립에 결정적인 영향을 끼쳤다.

리카도 (Ricardo, David : 1772~1823) 경제학을 최초로 체계화시킨 경제학자

중학 사회 3
6. 인구 성장과 도시 발달
③ 인구 및 도시 문제

영국 런던에서 유대계 독일인의 셋째 아들로 태어났다. 14세부터 아버지가 경영하는 증권 중개 회사의 일을 도와 사업에 뛰어난 재능을 보였다. 이후 그는 증권 중개업, 부동산 투자 등을 통해 큰 재산을 모았다. 그 후 정치계에 나가 금융 개혁, 빈민 구제, 언론의 자유 등에 관한 급진적인 개혁안을 내놓아 '백만 장자 급진주의자' 로 불리기도 했다.

1799년 애덤 스미스의 〈국부론〉을 읽고 경제 문제에 관심을 갖게 되었다. 1813년에서 1815년까지 '곡물법 논쟁' 이 있었다. 당시 지주 계급은 수입 곡물에 높은 관세를 부과하도록 규정한 곡물법을 계속 유지해야 한다고 주장한 반면 산업 자본가들은 곡물법을 폐지해야 한다고 주장했다.

이 논쟁에서 리카도는 산업 자본가의 편에 섰다. 그는 곡물법을 폐지하면 곡물이 자유롭게 수입될 수 있으므로 가격이 크게 떨어져 적은 임금으로 노동자들을 고용할 수 있다고 주장했다.

또 각 나라가 모든 상품을 스스로 생산하려 하지 말고 다른 나라와 교역하는 게 결국은 더 큰 이익을 얻을 수 있다고 역설했다. 이러한 내용을 정리하여 리카도는 1817년 〈정치 경제와 조세의 원리〉를 펴냈다.

▲ 〈정치 경제와 조세의 원리〉 표지

린네 (Linnne, Carl von : 1707~1778) 스웨덴의 식물학자이며 현대 분류학의 아버지

중학 사회 2
2. 서양 근대 사회의 발전과 변화
① 서양 근대 사회의 시작

스웨덴 스몰란에서 시골 교회 목사의 아들로 태어났다. 이미 8세의 나이에 '꼬마 식물학자' 로 불릴 정도로 식물에 관심이 많았다. 대학에서는 의학을 공부했는데, 뛰어난 식물학자 올로프 셀시우스를 만나 그의 영향으로 식물에 대해 체계적으로 연구하게 되었다.

수백 년 동안 식물학자들은 아리스토텔레스가 기준으로 삼은 교목류, 관목류, 초본류로 식물을 분류해 왔다. 그러나 같은 종의 식물이라도 기후에 따라 교목으로 자라기도 하고 관목으로 자라기도 하기 때문에 이와 같은 분류 방식으로는 식물들 사이의 관계를 잘 나타낼 수가 없었다.

린네는 식물의 생식 기관인 꽃의 구조를 기초로 식물을 분류하는 식물 분류학을 개척했으며, 생물을 분류하는 데 필요한 단계로 강, 목, 속, 종, 변종을 설정하여 많은 동식물의 이름을 정하고 발표했다. 린네의 저서 〈식물의 종〉과 〈자연의 체계〉는 분류학상 매우 의미 있는 책이다. 이 책에서 그는 새로운 분류법과 이명법을 소개했으며 오늘날에도 이는 식물 분류의 중요한 기준이 되고 있다.

린네는 분류학과 식물학에 기여한 공로로 1761년 스웨덴 최초의 귀족 과학자 칭호를 받게 되었다. 그러나 사후에 그가 평생에 걸쳐 모은 방대한 자료가 영국인 스미스 경의 손에 들어가 런던 벌링턴 하우스 내에 있는 린네 학회에 보관되어 오고 있다.

보헤미아의 프라하에서 철도 회사 직원인 아버지와 고급 관리의 딸인 어머니 사이에서 태어났다. 9세 때 부모는 이혼을 했고, 1886년 육군 소년 학교에 들어갔으나 그의 시인적 기질과 건강 때문에 중퇴하고 20세 때인 1895년 프라하 대학 문학부에 들어가 문학 공부를 시작했다. 이 무렵 최초의 시집 〈삶과 노래〉를 냈지만 큰 반응을 얻지는 못했다.

1897년 루 안드레아스 살로메를 알게 되어 깊은 영향을 받았고, 두 번에 걸쳐 그녀와 함께 러시아를 여행한 것이 릴케의 작품에 많은 영감을 주었다.

특히 1902년 파리에서 로댕의 비서로서 지낸 생활은 그의 개성에 큰 영향을 주었다.

1919년 한 문학 단체의 초청으로 스위스에 갔다가 거기서 말년을 보냈다.

대표작으로 〈두이노의 비가〉, 〈오르페우스에게 바치는 소네트〉 등의 시집과 〈말테의 수기〉 등의 소설을 남겼다.

교과서 살펴보기

중학 국어 2-1
1. 감상하며 읽기
① 문학 작품의 감상

▲ 릴케의 묘지

법관인 아버지와 외교관의 딸인 어머니 사이에서 태어났다. 어려서부터 그림 그리기를 좋아했으나 아버지의 반대로 17세 때 남아메리카 항로의 견습 선원이 되었다가, 18세가 되어서야 쿠튀르의 아틀리에에 들어가 그림을 공부했다. 그러나 쿠튀르와는 개성이 맞지 않아 나와서 루브르 박물관 등에 걸린 고전 회화를 모사하며 혼자 공부했다.

그의 작품은 너무 개성이 강해서 살롱전에서 번번이 낙선했다. 그러던 1863년, 낙선 작품 전시회에 전시한 〈풀밭 위의 점심 식사〉에 비평가들의 비난이 쏟아졌는데 이것이 오히려 그의 그림에 강렬한 인상을 심어 주었다.

이 때부터 피사로, 모네, 시슬레 등 젊은 인상주의 화가들의 열렬한 지지를 얻어 인상주의 미술의 길을 열게 되었다. 그는 〈올랭피아〉, 〈피리 부는 소년〉, 〈투우〉 등의 많은 걸작을 남겼다.

교과서 살펴보기

미술 5
1. 색의 변화
12. 우리 나라와 다른 나라 미술

▲ 〈풀밭 위의 점심 식사〉

1818년 독일 라인 주에서 태어났다. 변호사였던 아버지 덕분에 유복한 생활을 누렸지만, 부모 모두 유대 혈통이었던 까닭에 사회적 편견과 차별을 받기도 했다.

그는 본 대학을 거쳐 1836년 베를린 대학에 들어가 법률과 철학을 공부하면서 헤겔 철학에 심취했다. 1841년 예나 대학에서 철학 박사 학위를 받고, 이듬해 쾰른에서 창간된 〈라인 신문〉에 들어가 편집장을 맡았다.

그 뒤 파리로 건너가 프랑스 · 독일의 공산주의 조직들과 만나면서 본격적인 혁명가의 길을 걷기 시작했다. 이 때 평생을 함께한 친구 엥겔스를 만났다. 1848년에는 엥겔스와 공동으로 〈공산당 선언〉을 발표했다. 그 해 2월 파리에서 시작된 혁명이 유럽 각국으로 퍼져 그도 혁명에 참가했으나, 혁명은 좌절되고 그에게는 추방령이 내려졌다. 이듬해 영국 런던으로 망명한 뒤 경제학 연구에 몰두했다.

1859년 경제 이론에 관한 최초의 저서인 〈정치 경제학 비판〉을 완성하고, 1867년에는 〈자본론〉을 펴냈다. 그는 이 책에서 유물론적 경제 사관에 입각하여 자본주의 사회의 경제 구조를 노동력의 상품화에 중점을 두고 설명했다.

〈자본론〉 제2권과 제3권은 그의 사후에 엥겔스가 편집하여 출간했다. 마르크스는 1883년 영국 런던에서 폐종양으로 죽었다.

후난 성에서 가난한 농민의 아들로 태어났다. 1918년 베이징 대학에서 비밀 학생 단체들과 접촉하면서 마르크스주의로 기울게 되었다.

이듬해 7월 상하이의 중국 공산당 창립 대회에 참가했으며, 후난 성 대표로서 중국 공산당 제1차 전국 대표 대회에 출석했다. 1934년 10월 루이진에서 산시 성 옌안까지의 1만 2500킬로미터에 이르는 대장정을 시작, 그 과정에서 당 지도권을 장악했다.

1945년 4월 중앙 제7차 전국 대표 대회에서 중앙 위원회 주석이 되었고, 1949년 10월 중화 인민 공화국 정부를 베이징에 세우고 국가 주석 및 혁명 군사 위원회 주석이 되었다.

1965년 10월 이후에는 당 내에서 완전 고립되어 연금 상태에 있었으나, '마오쩌둥 사상'을 앞세운 문화 대혁명을 지휘, 1인 체제를 확립하고 중국 최고 지도자로 군림했다.

그러나 1976년 4월, 대중 반란이라고도 할 톈안먼 사건이 일어나 독재자 마오쩌둥은 완전히 고립된 채 죽음을 맞이했다.

▲ 문화 대혁명이 일어났던 톈안먼 광장과 마오쩌둥의 대형 초상화

포르투갈의 하급 귀족의 아들로 태어났다. 1504년 포르투갈령 인도 총독의 부하로 동남 아시아에서 일했으며, 아프리카·인도 항로에 근무했다. 1511년 당시 동방 무역의 주요 거점이던 말라카를 점령하고 귀국하여 왕의 총애를 받았다. 그러나 모로코 현지 무어 인과의 거래에 대해 왕의 불신을 사자 1517년 포르투갈과의 인연을 끊고 에스파냐로 갔다.

1519년 지구가 둥글다는 사실을 알고 있었던 마젤란은 향료를 구하러 카를로스 5세 왕을 설득하여 5척의 배와 270명의 선원을 태우고 세비야를 출발했다. 그 때 남아메리카 동부 해안을 따라 내려가다 남쪽 끝의 해협을 지나갔는데 그곳을 '마젤란 해협'이라 한다. 이후 불만에 찬 선원들을 달래 가며 석 달이 넘도록 힘든 항해를 한 끝에 1521년 괌 섬에 이르렀고, 이어 필리핀 군도에 도착하여 원주민 토벌에 나섰다가 독화살에 맞아 전사했다. 그러나 그의 배는 계속 항해하여 최초로 세계 일주를 하는 데 성공했다.

▲ 마젤란이 탔던 빅토리아 호

피렌체에서 법률가의 아들로 태어났다. 25세 때 프랑스의 샤를 8세가 피렌체를 침공했는데, 이를 계기로 사보나롤라가 메디치 가를 추방하고 권력을 장악했다.

사보나롤라는 교회의 부패와 메디치 가의 전제 정치를 반대하고 신권 정치를 단행하여, 한때 시민들의 열렬한 지지를 받았다. 그러나 로마 교황청과의 불화 등으로 반대파에 의해 1498년 화형에 처해졌다. 마키아벨리는 도덕심만으로는 강한 국가를 건설할 수 없고, 민중의 지지에만 의지하는 것은 문제가 있다고 생각했다. 그 해 공직 생활을 시작해 주로 외교 업무를 맡아 보았다.

1512년 에스파냐에 의해 메디치 가의 군주정이 복원되자 공직에서 추방, 투옥되었다. 이듬해 석방된 뒤 저술에 힘써 〈군주론〉, 〈전술론〉, 〈로마사론〉 등의 명저를 남겼다.

그는 1513년 발표한 〈군주론〉에서 군주가 국가를 통치, 유지하기 위해서는 무엇보다 권력에 대한 의지와 야심과 용기가 있어야 하고, 필요하면 불성실과 잔인성도 있어야 하며, 종교까지도 이용해야 한다고 주장했다. 이 책은 뒷날 '마키아벨리즘(국가의 유지, 발전을 위해서는 어떠한 수단이나 방법도 허용된다는 국가 지상주의 정치 사상)'이라고 비난을 받았으나, 당시 분열되고 외국의 간섭을 받는 이탈리아를 강력한 군주에 의해 구하고자 한 애국심의 발로로 보는 견해가 많다. 근대 정치학의 고전으로 꼽힌다.

필리핀에서 부정부패를 몰아 내고 공산군의 활동을 막아 낸 훌륭한 정치가로, 루손 섬 삼바레이스 주에서 철공소 집안의 아들로 태어났다.

어려서 철공소 일을 돕던 그는 마닐라의 호세 리살 대학과 필리핀 대학을 졸업했다. 그 뒤 운수 회사에 취직하여 뛰어난 실력을 발휘하여 짧은 기간에 지점 책임자가 되었다.

1941년 일본의 침공에 대항하여 게릴라를 조직해 공을 세웠고, 1950년에는 국방 장관이 되어 당시 큰 세력으로 등장하던 공산 게릴라인 '후크단' 토벌 책임자가 되어 미국의 도움으로 진압에 성공했다.

1953년 대통령에 당선되어 부정부패를 몰아 내는 등 필리핀의 민주주의 정착을 위해 힘쓰다가 1957년 비행기 사고로 사망했다.

1958년 막사이사이의 공적을 기리기 위하여 '막사이사이 상'을 제정, 아시아의 발전에 이바지한 사람에게 수여하고 있다. 우리 나라에서는 장준하, 김용기, 장기려, 오웅진, 박원순 등이 이 상을 수상하였다.

▲ 1951년 11월 25일자 〈타임〉 표지

미국 아칸소 주에서 군인의 아들로 태어났다. 육군 사관학교를 수석으로 졸업하고 필리핀을 시작으로 만주, 중국, 인도 등에서 근무했다.

제1차 세계 대전이 발발하자 프랑스에서 뛰어난 지휘를 하여 큰 공을 세웠고, 39세에는 미국 육군 사관학교의 가장 젊은 교장이 되었고, 50세에는 또한 가장 젊은 육군 참모 총장이 되기도 했다.

1941년 일본의 공격으로 태평양 전쟁이 일어났을 때 잠시 일본군의 공격에 밀린 뒤 반격 작전을 지휘하여 1945년 필리핀을 되찾고 이어 일본의 항복을 이끌어 냈다. 일본이 경제 대국으로 발전한 데에는 일본의 민주화와 경제 재건을 수행한 맥아더 원수의 역할이 컸다.

1950년 6 · 25 전쟁이 발발하자 유엔군 사령관에 임명되어 인천 상륙 작전을 지휘, 한국의 공산화를 막았다. 중공군이 밀려오자 만주 폭격을 주장했으나, 트루먼 대통령과 대립해 사령관에서 해임되었다.

"노병은 죽지 않고 다만 사라질 뿐이다."라는 유명한 말을 남겼다.

▲ 일본의 무조건 항복 문서에 서명하는 맥아더

중학 사회 3
6. 인구 성장과 도시 발달
① 인구 성장과 인구 이동

영국 잉글랜드의 부유한 집안에서 태어났다. 그의 아버지는 철학자인 흄의 친구였으며, 루소의 제자였다. 그는 케임브리지 대학을 졸업한 뒤 영국 국교회의 목사가 되었다. 이 무렵 유명한 〈인구론〉을 썼다. 1805년에는 동인도 대학의 경제학 및 근대사 교수를 지냈다.

그는 1798년 이름을 밝히지 않고 〈인구론〉을 펴냈는데, 서문에 '책에 실린 내용은 어느 친구와 나눈 대화의 산물' 이라고 밝혔다. 어느 친구는 다름 아닌 그의 아버지였다. 그의 아버지는 사회 개혁론자인 골드윈의 개혁 사상을 적극 지지하고 있었다. 하지만 그는 골드윈의 개혁 사상을 반박하며 아버지와 열띤 토론을 벌였다고 한다. 그는 사회악은 골드윈의 주장처럼 사회 개혁만으로 해결될 수 없다고 생각했던 것이다. 그의 이러한 주장을 점차 상세한 이론으로 발전시킨 것이 바로 〈인구론〉이다.

그는 〈인구론〉에서 인구의 과잉이 빈곤과 악덕을 불러 온다고 주장했다. 식량은 '1, 2, 3, 4……' 와 같이 산술급수적으로 증가하지만, 인구는 '1, 2, 4, 8……' 과 같이 기하급수적으로 증가하므로 식량과 인구 사이에는 불균형이 발생할 수밖에 없고, 이로 인해 기근, 빈곤, 악덕 등이 발생한다고 주장했다. 그의 주장은 뒤에 산아 제한 등을 통해 출생률을 낮춤으로써 인구 문제를 해결하려는 신맬서스주의로 발전했다.

▲ 〈인구론〉 초판

중학 도덕 1
1. 삶과 도덕
① 삶의 의미와 도덕

이름은 가, 자는 자여 또는 자거이며, 중국 산동 성에서 태어났다. 그의 어머니는 맹자의 교육에 헌신적이었는데, 아들의 교육을 위해 이사를 세 번 했다는 '맹모삼천지교'와, 맹자가 학문을 그만두려 하자 칼로 베를 자르며 학문을 크게 이루라고 했다는 '맹모단기'의 고사가 전해 내려온다.

맹자는 자라서 공자의 손자인 자사의 문하생이 되었고, 공자의 '인(仁)' 사상을 더욱 발전시켜 인간의 본성은 '인의예지' 라 하여 인간의 본성이 착하다는 주장을 했다.

이러한 성선설을 바탕으로 인의설을 내세웠는데 사람은 옳은 길을 따라야 한다는 유교의 도덕 사상의 기반이 되었다. 또 인간은 자신의 욕망을 수양을 통해 착한 성질로 바꾸어야 한다고 했고, 정치는 인심을 바탕으로 왕도 정치를 수행해야 하며 그렇지 못한 군주는 쫓아 내야 한다고 역설했다.

이러한 주장은 당시 어지러운 전국 시대의 '부국강병론' 에 밀려 많은 지지를 받지 못했다. 말년에 맹자는 고향에서 제자 양성에 더욱 노력하여 그 제자들에 의해 유교는 도덕학으로 확립되고 맹자의 사상은 공자의 사상과 더불어 유교의 정통으로 계승되었다.

〈맹자〉는 사서의 하나로 제자들이 맹자의 사상을 알린 유일한 책이다.

〈교과서 큰 인물 이야기〉 교과 수록 및 연계표

테마	권	작품	교과 수록 및 연계
의지와 기상	01	광개토대왕	초등학교 읽기 5-1 8.함께하는 세상 166쪽, 사회과 탐구 5-1 1.하나 된 겨레 20쪽, 중학교 역사(상) II.삼국의 성립과 발전, 대교 42쪽
	02	을지문덕	초등학교 사회과 탐구 5-1 1.하나 된 겨레 28쪽, 중학교 역사(상) III.통일 신라와 발해, 두산동아 71쪽
	03	계백	중학교 역사(상) III.통일 신라와 발해, 대교 78쪽
	04	김유신	초등학교 사회과 탐구 5-1 1.하나 된 겨레 30쪽, 중학교 역사(상) III.통일 신라와 발해, 두산동아 74쪽
	05	강감찬	초등학교 듣기·말하기·쓰기 4-2 2.하나씩 배우며 34쪽, 중학교 역사(상) IV.고려의 성립과 발전, 두산동아 104쪽
	06	이순신	초등학교 사회과 탐구 5-1 3.유교 전통이 자리 잡은 조선 102쪽, 도덕 6 1. 귀중한 나, 참다운 꿈 19쪽
	07	알렉산더	중학교 역사(상) VII.통일 제국의 형성과 세계 종교의 등장, 대교 235쪽
	08	나폴레옹	초등학교 생활의 길잡이 3-2 1.소중한 나 17쪽
	09	칭기즈 칸	중학교 역사(상) IX.교류의 확대와 전통 사회의 발전, 대교 288쪽
지혜와 용기	10	장보고	초등학교 읽기 4-2 5.정보를 모아 98쪽, 사회과 탐구 5-1 1.하나 된 겨레 34쪽, 중학교 역사(상) III.통일 신라와 발해, 대교 96쪽
	11	왕건	초등학교 사회과 탐구 5-1 2.다양한 문화를 꽃피운 고려 44쪽, 중학교 역사(상) IV.고려의 성립과 발전, 두산동아 98쪽
	12	최영	사회과 탐구 5-1 3.유교 전통이 자리 잡은 조선 76쪽, 중학교 역사(상) V.고려 사회의 변천, 대교 167쪽
	13	정약용	초등학교 도덕 4 1.최선을 다하는 생활 17쪽, 국어 6-1 읽기 6.타당한 근거 122쪽, 중학교 도덕 1 I.도덕적 주체로서의 나, 미래엔 52쪽
	14	세종대왕	초등학교 사회과 탐구 5-1 3.유교 전통이 자리 잡은 조선 83쪽, 읽기 6-2 5.언어의 세계 125쪽
	15	황희	초등학교 생활의 길잡이 4-2 3.따스한 손길 행복한 세상 57쪽
	16	성삼문	중학교 역사(상) VI.조선의 성립과 발전, 미래엔컬처그룹 178쪽
	17	이항복	중학교 도덕 1 II.우리 · 타인과의 관계, 두산동아 97쪽
	18	신채호	초등학교 사회과 탐구 5-2 2.새로운 문물의 수용과 자주독립 67쪽, 중학교 역사(상) III.통일 신라와 발해, 대교 80쪽
자유와 인권	19	링컨	초등학교 읽기 4-2 3.서로 다른 의견 49쪽, 도덕 5 2.감정, 내 안에 친구 41쪽
	20	간디	초등학교 도덕 6 4. 서로 배려하고 봉사하며 79쪽, 중학교 국어 1-2 4.체험과 깨달음, 디딤돌 125쪽, 도덕 2 III.사회 · 국가 · 지구 공동체와의 관계, 두산동아 177쪽
	21	전봉준	초등학교 사회과 탐구 5-2 2.새로운 문물의 수용과 자주독립 43쪽
	22	안중근	초등학교 도덕 6 6.용기, 내 안의 위대한 힘 120쪽, 사회과 탐구 5-2 2.새로운 문물의 수용과 자주독립 37쪽
	23	마틴 루터 킹	초등학교 사회 6-2 1.우리나라의 민주 정치 41쪽, 듣기·말하기·쓰기 6-2 6.생각과 논리 122쪽, 중학교 도덕 2 III.사회 · 국가 · 지구 공동체와의 관계, 두산동아 176쪽
	24	만델라	초등학교 생활의 길잡이 6 6.용기, 내 안의 위대한 힘 99쪽, 중학교 도덕 2 I.일과 배움, 디딤돌 56쪽
	25	김구	초등학교 도덕 3 8.자랑스러운 대한민국 209쪽, 사회과 탐구 5-2 2.새로운 문물의 수용과 자주독립 37쪽,
	26	유관순	초등학교 도덕 3-1 5.나라를 사랑하는 마음 99쪽, 읽기 5-1 8.함께하는 세상 170쪽, 사회과 탐구 5-2 2.새로운 문물의 수용과 자주독립 37쪽
	27	안창호	초등학교 도덕 6 2.책임을 다하는 삶 45쪽, 사회과 탐구 5-2 2.새로운 문물의 수용과 자주독립 37쪽, 읽기 6-2 3.문제와 해결 78쪽
예술과 창조	28	신사임당	중학교 역사(상) VI.조선의 성립과 발전, 대교 197쪽
	29	김홍도	초등학교 읽기 4-2 2.하나씩 배우며 32쪽, 중학교 역사(상) VI.조선의 성립과 발전, 대교 199쪽
	30	이중섭	초등학교 듣기·말하기·쓰기 6-2 1.문학과 삶 14쪽
	31	레오나르도 다 빈치	중학교 역사(상) VIII.다양한 문화권의 형성, 대교 279쪽
	32	모차르트	초등학교 음악 6 1.나가자! 달리자!, 금성출판사 13쪽, 중학교 음악 1 5.자연을 노래하는 우리, 금성출판사 74쪽
	33	베토벤	중학교 도덕 2 IV.문화와 도덕, 미래엔컬처그룹 265쪽, 도덕 3 IV. 삶과 종교, 두산동아 183쪽, 천재교육 198쪽
	34	슈베르트	중학교 음악 1 6.서정을 노래하는 우리, 금성출판사 88쪽
	35	안데르센	초등학교 듣기·말하기·쓰기 6-1 국어 교실 함께 가꾸기 146쪽
	36	셰익스피어	고등학교 문학(상) II. 문학의 수용, 미래엔컬처그룹 92쪽, 문학(하) X.한국 문학과 문화, 교학사 307쪽
	37	톨스토이	초등학교 읽기 4-2 4.이럴 때는 이렇게 74쪽, 읽기 5-2 6.깊은 생각 바른 판단 158쪽, 중학교 도덕 3 I.삶의 목적, 중앙교육진흥연구소 42쪽
	38	스필버그	고등학교 문학(상) V.극문학의 수용과 창작, 태성 310쪽